Les dictateurs

Les dictateurs

Histoire des régimes autoritaires

Jacques Bainville

Editions Le Mono

Collection «*Les Pages de l'Histoire* »

Connaître le passé peut servir de guide au présent et à l'avenir.

ISBN : 978-2-36659-450-8
EAN : 9782366594508

"Tant qu'il y aura des dictatures, je n'aurai pas le
cœur à critiquer une démocratie."
- Jean Rostand

Introduction

Nous croyons toujours que tout est nouveau, alors que nous refaisons les expériences que les hommes des autres siècles ont faites et que nous repassons par les mêmes chemins qu'eux.

Les dictatures contemporaines ont paru au lendemain du jour où le président Wilson avait dit : « Rendez le monde sûr pour la démocratie. » On répétait partout que la victoire des alliés était celle du principe démocratique sous toutes ses formes. Trois empires s'étaient écroulés dans un grand fracas de trônes. La monarchie — le pouvoir d'un seul — semblait un système condamné. Quelle apparence y avait-il que le pouvoir personnel dût renaître ?

Au premier dictateur qui se présenta, on fut incrédule. A peine lui accorda-t-on quelques jours de règne et, en France, un homme politique eut l'imprudence de le traiter, du haut de la tribune, de « César de Carnaval ». Puis, quand la mode se répandit, on se plut à penser que, si c'était une épidémie, elle s'arrêterait aux portes des grands Etats, de ceux qui avaient une tradition libérale, des partis de gauche bien constitués. De même, on n'ignorait pas ce que c'était que l'inflation et la monnaie avariée, mais on les regardait comme une plaie réservée à des peuples pauvres, primitifs, ou très mal administrés. On n'admettait pas que des pays riches, pourvus d'une véritable organisation financière, fussent atteints par cette sorte de pourriture d'hôpital.

Tout cela s'est trouvé faux. La monnaie est tombée malade même là où elle avait la réputation de tout défier. Des dictatures ont surgi aux endroits où elles étaient jugées invraisemblables. Elles se sont implantées solidement alors que, pendant longtemps, les dictateurs, lorsqu'ils étaient encore de simples agitateurs, n'avaient même pas été pris au sérieux.

D'ailleurs, ce n'est pas au hasard que nous rapprochons le mal monétaire de l'établissement des régimes d'autorité. L'un précède et engendre souvent l'autre parce qu'il est pour les foules le signe le plus sensible du désordre.

C'est même une des raisons qui font que la dictature n'a pas des causes uniformes. Elle peut être une réaction de défense contre l'anarchie et la ruine et contre les effets de la démocratie portée à sa dernière conséquence, qui est le socialisme ou le communisme. Elle peut être au contraire pour là démocratie égalitaire et anticapitaliste le moyen de vaincre les forces qui lui résistent et de s'imposer.

Il y a donc des dictatures diverses. Il y en a pour tout le monde et un peu pour tous les goûts. Ceux qui en rejettent l'idée avec horreur s'en accommoderaient très bien et, souvent, s'y acheminent sans s'en douter. Ceux qui la désirent seraient parfois bien déçus si elle triomphait.

Qu'on l'appelle ou qu'on la déteste, il est donc essentiel de la connaître avec les visages divers qu'elle a pris au cours de l'Histoire, puis, de nos jours, dans des pays si nombreux et si éloignés les uns des autres qu'on aurait probablement tort de n'y voir qu'une sorte de vogue quand elle est l'effet d'une loi ou d'une nécessité.

Chapitre 1

LE MONDE ANTIQUE : LA GRÈCE ET SES « TYRANS »

La Grèce, mère de notre civilisation, a tout connu si elle n'a pas tout inventé. On lui fait gloire d'avoir engendré l'idée républicaine. C'est vrai. Il ne faut pas non plus méconnaître qu'elle a pratiqué la dictature sous le nom de « tyrannie » qui a pris un sens fâcheux.

Pendant des centaines d'années, la vie publique fut inexistante en Grèce. Peuple de pasteurs, ses habitants étaient groupés par familles sous l'autorité du père, à la fois chef et grand-prêtre ; l'autel des ancêtres en était le centre et leur religion le lien.

Il est impossible de préciser la date où, sous diverses influences, dont la plus forte fut le besoin de se défendre contre certains voisins, ces familles qui comprenaient des centaines de personnes commencèrent à s'unir entre elles.

Cette union, le premier essai de société, fut nommée phratrie. De l'association de plusieurs phratries naquit la tribu et de celle de plusieurs tribus la cité, qui désignait à la fois la communauté des citoyens et le lieu, plus ou moins construit, plus ou moins défendu, qui leur servait d'abri, de point de réunion, de refuge.

Dans la famille, l'autorité appartenait exclusivement au père. Dans la phratrie, les chefs de famille ou patriciens l'exerçaient par roulement, offrant tour à tour les sacrifices aux nouveaux dieux que l'on avait adoptés d'un commun accord et qui n'étaient point les dieux domestiques de chacune des familles.

La transformation des phratries en tribus entraîna un nouvel élargissement de l'idée religieuse et les membres des phratries se trouvèrent dans l'obligation de concevoir une divinité nouvelle, supérieure à leurs divinités domestiques et dont la protection devait s'étendre au groupe entier.

Rien n'existait de Commun entre les membres de la tribu, puis de la cité, que cette communauté de croyance.

Le chef de famille, l'ancêtre, restait le maître et le juge des siens, disposait du droit de récompenser, de punir, et nul n'aurait songé à le lui contester.

Le gouvernement de la cité était exercé par l'ensemble des chefs de famille qui se réunissaient lorsqu'il s'agissait d'émettre un avis intéressent la collectivité. C'était donc un gouvernement aristocratique et dérivé de l'idée religieuse.

Peu à peu, les patriciens déléguèrent au plus ancien d'entre eux le pouvoir d'offrir les sacrifices au dieu commun que les tribus s'étaient donné. Ce fut le premier roi. Mais son autorité tenait à la religion seule et ne s'étendait pas aux autres questions. Pour tout ce qui concernait la cité, l'assentiment des chefs de famille était indispensable ; le roi ne pouvait agir sans être d'accord avec eux, et quand cet accord n'intervenait pas, comme il n'avait pas le moyen d'imposer son avis, il devait s'incliner.

Ce système dura aussi longtemps que le roi s'en accommoda.

Un jour, il s'en trouva un qui eut l'idée et l'audace de rassembler sous ses ordres tous ceux qui, dans la cité, ne faisaient pas partie d'une famille, d'une phratrie, d'une tribu : mécontents, vagabonds, étrangers et fils d'étrangers constituant la plèbe et qui, n'étant rien, ne pouvant rien être, aspiraient à devenir quelque chose. Ce roi se donna ainsi une force indépendante, un moyen de pression sur les tribus et fut, en fait, le premier dictateur.

Sa postérité fut nombreuse. La formation de la société grecque s'opéra à coup de révolutions dirigées, les unes par les rois contre l'aristocratie, d'autres par l'aristocratie contre le pouvoir royal, les dernières enfin par la plèbe qui voyait dans la monarchie un premier protecteur contre la suprématie des patriciens.

C'est vers le VIII° siècle avant notre ère que la société grecque cessa d'être exclusivement agricole et qu'à la suite des expéditions entreprises sur toutes les côtes de la Méditerranée, le commerce et l'industrie se développèrent suffisamment pour influer sur les mœurs. Le règne de la monnaie commença, apportant, avec le goût de la spéculation, des possibilités d'émancipation à la partie la plus aventureuse et la plus intelligente de la plèbe qui allait constituer, en acquérant peu à peu les biens de la fortune, cette classe intermédiaire qu'on appelle la bourgeoisie.

Cette première forme du progrès matériel n'engendra pas la concorde universelle. Au contraire. L'aristocratie en profita naturellement dans la mesure même où sa puissance lui avait permis d'accaparer dès l'abord une grande part des sources de revenus, mines, exploitations de forêts, constructions maritimes, exportations de céréales et de bétail. Il se formait aussi une bourgeoisie industrieuse et habile, qui retirait des bénéfices du nouvel état de choses et qui souffrait d'être éloignée du pouvoir. Enfin la plèbe, quoique profitant sans s'en douter du capitalisme naissant » se mit à haïr les riches d'autant plus que le respect religieux si favorable à la puissance des patriciens s'en allait.

C'est dans la plèbe que se trouvèrent les premiers soldats de la lutte des classes qui déchira atrocement les villes grecques pendant des siècles.

Elle se poursuivit avec une férocité incroyable. A Mégare, cité où la guerre sociale avait été aussi longue que sanglante, le poète Théognîs, poète ou plutôt publiciste du parti aristocratique vaincu, pariait avec haine de ces plébéiens qui « naguère, étrangers à tout droit et à toute loi, usaient sur leurs flancs des peaux de chèvres et pâturaient hors des murs comme des cerfs ». Il rêvait d' « écraser du talon cette populace sans cervelle » et terminait par ce cri : « Ah ! puissé-je boire leur sang ! » Les deux partis adverses, les riches et les pauvres, burent en effet leur sang pendant des luttes inexpiables.

Ces luttes atteignirent des proportions telles qu'il n'était pas rare que les partis aux trois quarts épuisés s'entendissent pour confier à un arbitre lé soin de régler leur différend, avant qu'ils se fussent entièrement exterminés. Investi de pouvoirs extraordinaires, le conciliateur disposait de toute la puissance publique jusqu'à l'achèvement de sa tâche. Après quoi, l'État sauvé, il n'avait plus qu'à rentrer dans la vie privée. On sent déjà poindre ici le dictateur.

D'autres fois, sentant venir l'orage, les deux partis s'en remettaient par avance à un tiers connu pour sa vertu, pour sa sagesse et son indépendance et le chargeaient de promulguer des lois.

C'est ainsi qu'on eut des figures de législateurs à moitié mythiques, comme Lycurgue. Ce que nous savons du fameux donneur de lois de Sparte laisse entrevoir un chef communiste et nationaliste. Son brouet noir ressemble fort à la soupe au millet de Moscou. Et s'il n'ordonnait pas la stérilisation, c'était faute d'en connaître la méthode puisqu'il faisait noyer les enfants mal venus.

La Grèce eut aussi une catégorie de dictateurs du genre bonhomme et légendaire. C'est à celle-là qu'appartint le célèbre Solon, dont l'antiquité, à vrai dire, semble avoir beaucoup embelli là mémoire.

SOLON

Après la conquête de Salamine sur les Mégariens, à laquelle le peuple d'Athènes avait fortement contribué, celui-ci désira recevoir en compensation certains droits politiques. Dès l'abord, les patriciens ne semblèrent pas disposés à les lui accorder. Mais comme la colère grondait, ils prirent peur et recoururent à la formule transactionnelle.

D'un commun accord, Solon, qui inspirait confiance, fut chargé de réformer l'Etat et de donner une constitution à

Athènes. Il intervint à la manière de Gaston Doumergue après le 6 février.

Sage comme lui, Solon travailla consciencieusement, réforma le droit civil et le droit pénal, apporta de sensibles améliorations au sort des malheureux et ne satisfit personne, ayant déplu aux pauvres en raison des privilèges qu'il avait laissés à l'aristocratie et aux riches en raison de ce qu'il avait accordé à la plèbe.

Découragé mais prudent, Solon partit pour un voyage qu'il fit durer dix ans. Nous dirions qu'il était retourné à Tournefeuille,

Ainsi cette dictature, une des premières dont on connaisse à peu près les détails, se terminait par un échec, le dictateur ayant, par goût ou par nécessité, ménagé tout lé monde.

Il ne restait qu'à recommencer l'expérience, aucun des deux partis ne renonçant au désir de s'imposer à l'autre.

PISISTRATE ET LES PISISTUATIDES

Grâce à Pisistrate, ce fut la plèbe qui l'emporta. Nous avons avec lui le premier exemple connu d'un dictateur agissant par la force, l'autorité et s'en servant au nom du peuple contre l'aristocratie.

Ce nouveau dictateur ne ressemblait pas à Solon. Le bien dé la chose publique lui était indifférent et c'est en flattant les plus bas instincts de la multitude qu'il réussit à s'emparer du pouvoir »

Ayant rassemblé une troupe de solides gaillards, il les arma de massues et se retira avec eux sur l'Acropole, qui commandait ainsi la ville. Il avait fait sa « marche sur Athènes ».

Au contraire de Solon, il appuya son pouvoir sur la violence. La tyrannie était fondée.

15

Ce nom de tyran n'eut rien, dès l'abord, de flétrissant et signifiait simplement maître. C'était le chef, choisi à défaut du roi, car, en Grèce comme à Rome, les vieilles royautés furent abattues par les patriciens, tandis qu'elles avaient été soutenues et furent toujours vaguement regrettées par la foule,

C'est par la propagande des écrivains, presque tous attachés au parti aristocratique, que le nom de tyran a pris un sens odieux. Peu à peu, « tyrannie » devint synonyme de puissance personnelle exercée férocement, hors de tout contrôle et de toute loi.

Les « tyrans » s'appuyaient toujours sur le peuple. Jamais aucun d'eux ne prit la tête d'un mouvement aristocratique. Leurs efforts tendirent à réduire les privilèges de la haute classe au profit de la multitude. La tyrannie, qui était en réalité une dictature, était l'instrument de la démocratie tandis que les aristocrates représentaient et défendaient la cause de la liberté. La mauvaise réputation des tyrans de guerre de classe était méritée. Elle leur a été faite par les grands et par les riches qu'ils cherchaient à écraser, C'étaient des niveleurs et des coupe-tête. C'est ce qu'illustre une anecdote bien connue, répétée, en grec et en latin, sous des formes diverses. Le tyran de Corinthe demandait un jour au tyran de Milet des conseils sur le gouvernement. Pour toute réponse, le tyran de Milet coupa les épis de blé qui dépassaient les autres.

Pisistrate exerça le pouvoir pendant trente ans, grâce à son armée de mercenaires, qui étaient en réalité ce que les chemises noires ou brunes sont pour Mussolini et Hitler. Il écrasa les citoyens des premières classes pour subvenir aux dépenses publiques, accrues par des largesses démagogiques.

Fêtes religieuses et divertissements populaires prirent une place considérable dans la vie publique. Des guerres extérieures agrandirent le domaine d'Athènes. Le peuple se tenait pour satisfait et quand Pisistrate mourut, il le regretta.

Ses fils, Hipparque et Hippias lui succédèrent mais ne gouvernèrent pas avec la même habileté. Leurs ennemis se reprirent et un complot tramé par de jeunes aristocrates, aboutit à la mort d'Hipparque, frappé par Harmodius et Aristogiton, Ces illustres héros de la République et de la liberté, chantés en prose et en vers, de nos jours mêmes, par les républicains, étaient en réalité de la jeunesse dorée.

La dictature des Pisistratides avait duré cinquante ans. Dès qu'elle cessa, le désordre recommença. La plèbe se chargeait de rappeler son existence par des émeutes dirigées contre les patriciens. Ainsi, de coup d'État en coup d'Etat, Athènes s'acheminait vers la forme démocratique pure. Ce ne devait pas être pour y rester longtemps.

Il n y avait de trêve à la lutte des classes que lorsqu'un péril extérieur obligeait tous les Athéniens à s'unir momentanément pour résister aux barbares, Mais dès que l'envahisseur s'éloignait, la discorde, renaissait, Personne n'était alors à l'abri des vengeances exercées par la faction toute puissante. Miltiade, le vainqueur de Marathon, mourut dans les fers. Thémistocle, le vainqueur de Salamine, avait sauvé la Grèce, fut condamné à mort et ne trouva de salut que dans la fuite. Le spectacle que donnait la démocratie athénienne n'était pas beau, A la vérité, elle n'avait jamais considéré la dictature que comme une machine de guerre sociale et la tyrannie comme la sienne. Et pourtant c'était la Grèce. Et elle produisit le miracle grec. Ce fut le gouvernement de Périclès.

PÉRICLÈS OU LE DICTATEUR ARTISTE

Sous Périclès, les différences sociales ont disparu, sauf l'esclavage naturellement. Tous les citoyens athéniens sont égaux en droit, pourvu qu'ils soient bien citoyens d'Athènes. Leur constitution, dont ils sont très fiers, décrète entre eux une égalité absolue et Thucydide rapporte que c'est le mérite bien plus que la classe qui fraye la voie des honneurs publics. Nul, s'il est capable de servir la cité, n'en

17

est empêché par la pauvreté ou par l'obscurité de sa condition.

Ce souci de l'égalité inspire la législation sociale. En principe tout cela est magnifique. Des mesures sont prises pour que les pauvres puissent exercer leurs droits civiques, car il reste, bien entendu, des riches et des pauvres. L'Etat se doit de remédier dans la plus large mesure aux inégalités de la fortune, sans que, toutefois, ce qu'il accorde aux déshérités grève par trop la part des possédants. De grands travaux d'embellissement financés par ceux-ci, permettent d'occuper les citoyens qui ne possèdent pas de terres ou n'ont pas les moyens de s'enrichir par le négoce. Puis, comme il faut distraire la populace, fêtes et jeux lui sont offerts par les jeunes gens oisifs de la classe aisée.

Telle est la loi, on peut dire que c'était une loi idéale. Elle semble admirable de loin, Mais pour l'appliquer, il fallait aux magistrats élus beaucoup d'intelligence politique, d'habileté et de souplesse. En réalité, cette belle constitution ne fonctionna bien que grâce à un dictateur à peu près unique en son genre, un dictateur artiste et élégant, Périclès.

D'ailleurs il n'échappait pas à la règle. Il s'était élevé par la démagogie. Bien qu'il fût de haute naissance, il était, à vingt-six ans, devenu le chef du parti populaire que personne n'avait su flatter comme lui, Ses premiers actes furent pour anéantir l'opposition aristocratique, Après quoi, il gouverna et son gouvernement a laissé dans l'histoire la trace la plus brillante.

Doué d'une intelligence exceptionnelle et des dons politiques les plus rares, il réussit à s'imposer au peuple sans jamais rien céder sur ce qu'il regardait comme essentiel au bien de l'État,

D'une éloquence si séduisante qu'un poète disait que « la persuasion habite sur ses lèvres », il sait de quel empire il dispose sur son auditoire et ne dépasse jamais la mesure que le peuple grec, le plus susceptible de tous, était capable de supporter. Netteté dans la pensée, poésie dans l'expression, force dans la dialectique, intégrité absolue, désintéressement parfait, mépris de la flatterie, finesse, connaissance des hommes, très vif sentiment enfin de la grandeur et de la mission d'Athènes, telles étaient les qualités que lui reconnaissaient ses concitoyens et qui lui permirent de se maintenir au pouvoir pendant plus de trente ans.

Son habileté consista à persuader le peuple qu'il se gouvernait lui-même, alors qu'en réalité ce qui lui était proposé avait été soigneusement filtré et dépouillé de tout ce qui pouvait ranimer les rivalités anciennes.

Néanmoins, malgré cette sagesse, ses dernières années ne furent pas sans connaître quelques tempêtes.

En dépit de tout ce qu'il leur avait apporté, les Athéniens se fatiguèrent à la longue et prêtèrent l'oreille aux démagogues qui désiraient remplacer le grand homme.

Tout fut bon pour le perdre, accusation d'asservir la démocratie au pouvoir absolu ; de protéger les philosophes qui battaient en brèche les vieilles croyances religieuses et, argument bien propre à émouvoir la multitude, on l'accusa d'avoir consacré au service de l'Etat des sommes qui eussent pu améliorer la condition du peuple,

Mais sa position était si forte, les services qu'il avait rendus si éclatants, que ses ennemis n'osèrent pas l'attaquer personnellement dès l'abord et préférèrent l'atteindre à travers les siens.

Aspasie sa maîtresse. Phidias son ami et le philosophe Anaxagore, son inspirateur de toujours, furent injuriés, poursuivis et traduits en justice. Phidias mourut en prison et Anaxagore dut s'enfuir,

Périclès allait succomber à son tour quand une menace extérieure survint à point pour le sauver, Non seulement il ne fit rien pour éviter la guerre avec Sparte, mais il la précipita comme le plus sûr moyen de reconquérir toute son autorité.

Ainsi, ce sage en était réduit à rechercher la plus dangereuse des diversions pour conserver le pouvoir, autant sans doute pour sa satisfaction personnelle que pour épargner à sa patrie les déchirements qu'il prévoyait.

Aussitôt la guerre déclarée, il agit en véritable dictateur, en maître absolu, suspendant toutes les garanties constitutionnelles, imposant ses vues sans souci des protestations qui malgré le danger se déchaînaient.

La victoire l'eût justifié, La défaite le perdit, et plus encore la peste qui se déclara dans Athènes où elle fit d'immenses ravages,

Périclès n'y était pour rien. Tout au plus pouvait-on lui reprocher d'avoir rassemblé à l'intérieur de la ville la population d'alentour.

Mais le prétexte suffit. Périclès durait depuis trop longtemps ; la foule où se confondaient pauvres et riches exigeait un changement à tout prix.

Mis en accusation, le dictateur fut condamné à l'amende et n'évita que tout juste une condamnation à mort,

Il mourut l'année suivante, ayant eu l'amère satisfaction de voir triompher sa doctrine militaire et d'être rappelé au pouvoir par ceux-là mêmes qui l'avaient renversé un an auparavant.

Ainsi s'achevait la plus célèbre dictature de l'antiquité grecque et l'une des plus remarquables de tous les temps,

Grâce aux dons inimitables du dictateur, elle avait porté des fruits magnifiques, mais elle ne s'en achevait pas moins par une guerre qui allait ruiner la domination athénienne.

Chapitre 2

ROME

Ce que nous savons des temps à demi légendaires de la primitive histoire romaine, montre une évolution semblable à celles des cités grecques. La vieille royauté fut renversée par l'aristocratie et regrettée par la plèbe. Aristocratique, le Sénat redoutait toujours qu'un homme populaire ne s'élevât et ne devînt le maître,

Toutefois la sagesse pratique des vieux Romains tendait à corriger les défauts de la République par l'autorité, Au contraire de la tyrannie grecque qui fut toujours extra-légale et ne s'exerça que contre une catégorie de citoyens, la dictature romaine était prévue par la loi au nom du salut public. Elle était proclamée lorsqu'un grave péril, invasion, guerre civile ou sédition militaire, mettait en danger la « chose publique », D'une durée limitée à six mois, elle ne visait qu'à permettre au pouvoir de prendre les mesures nécessaires au salut public, sans souci de ceux qu'elles pouvaient gêner. D'où la fameuse devise ; « Que le salut public soit la loi suprême. »

Le dictateur, dans la République romaine, n'était pas choisi au hasard ni désigné par le suffrage, mais investi par les Consuls qu'il devait remplacer. Le Sénat cependant pouvait présenter un candidat et l'usage de ce droit passa bientôt à l'état de coutume,

L'autorité du dictateur provisoire était absolue ; il jouissait dans leur plénitude de tous les pouvoirs, législatif, militaire, administratif, exécutif, avec une seule restriction, de nature financière : l'argent dont il avait besoin devait être demandé au Sénat.

En échange, et à la différence de ce qui se passait à Athènes, aucune accusation, quelle qu'elle fût, ne pouvait être portée contre lui lorsqu'il était rentré dans le rang des citoyens, Ainsi l'avait voulu la raison romaine » pour assurer sa liberté absolue de décision et d'action.

Telle était la fonction dictatoriale dont furent investis, entre autres, Cincinnatus et Fabius Maximus.

Elle subsista aussi longtemps que Rome demeura la ville militaire par excellence et que le peuple romain sut s'imposer la discipline nécessaire pour vaincre ses ennemis, Carthaginois et Orientaux.

Mais, après les grandes conquêtes, la pureté des mœurs se perdit. L'habitude du luxe, l'excès des richesses, les ambitions personnelles et les rivalités des généraux vainqueurs appuyés, chacun, par les armées qu'ils ramenaient chargées de lauriers et de dépouilles, entraînèrent une autre forme de dictature, celle de la guerre civile.

La lutte pour la conquête du pouvoir se déchaîna avec la même violence et la même férocité que dans les cités grecques. L'antique législation se trouva impuissante à y porter remède et l'on peut dire que c'est au moment où disparaissait la forme légale des dictatures, qu'elles apparurent à Rome pour remplacer finalement, après de longues luttes, la République sénatoriale par la monarchie impériale,

Quatre noms dominent cette phase de transformation : Marius, Sylla, Pompée, César.

MARIUS

Caïus Marius, issu du peuple, était un soldat de fortune. Parvenu à un grade équivalent à celui de colonel et qui ne pouvait être dépassé par qui n'avait pas exercé de hautes fonctions civiles, il intrigua pour être élu tribun de la plèbe. Il le fut grâce à l'appui que lui donnèrent secrètement les patriciens qui misaient alors sur lui et qui ne tardèrent pas à le regretter, Premier exemple, et qui ne devait pas être le dernier, d'un faux calcul des conservateurs.

Cette élection ouvrait à son ambition Une carrière illimitée. Successivement édile et prêteur, Marius fut enfin choisi pour commander, sous Métellus, l'armée envoyée en Afrique combattre Jugurtha.

Marius quitta Rome, heureux de l'occasion d'établir une réputation militaire dont il espérait qu'elle lui permettrait d'accéder au poste suprême du Consulat, Les événements ne déçurent point son attente. Il défit Jugurtha et » malgré l'opposition aristocratique, effrayée de son ascension trop rapide, fut élu Consul.

Cette opposition avait irrité Marius qui se rejeta vers le parti populaire, flatté mais un peu inquiet des volte-face déjà nombreuses de l'éloquent général.

La première réforme qu'il opéra, démagogique au premier chef, fut d'ouvrir l'accès de l'armée aux plébéiens et de leur permettre de s'engager pour seize ans.

Ainsi, tout en augmentant les forces de la ville, il se donnait une armée personnelle sur laquelle il savait pouvoir compter t c'est toujours le système des chemises noires ou brunes. Aux parias, aux aventuriers et aux chômeurs, il offrait, outre une condition sociale et le prestige de l'uniforme, l'assurance du pain quotidien et la perspective de pillages fructueux.

Bon psychologue, il comprit qu'à ces troupes nouvelles il fallait donner un signe de ralliement nouveau, A la botte de foin portée au bout d'une pique, qui servait depuis les anciens âges d'enseigne militaire et qui ne pouvait parler à l'imagination des nouvelles générations, il substitua l'Aigle, comme Hitler a inventé la Croix Gammée. Puis son armée équipée, entraînée, et ne reconnaissant d'autre autorité que la sienne, il mit à la voile pour l'Afrique afin de régler définitivement le compte de Jugurtha qui avait repris la campagne.

En moins d'une année, le roi de Numidie fut capturé, son pays pacifié, et Marius devint l'idole des Romains. Mussolini s'inspire, consciemment ou non, de cette histoire lorsqu'il prépare la conquête de l'Ethiopie.

La popularité de Marius s'accrut encore lorsqu'il eut défait, près d'Aix-en-Provence, les hordes teutoniques, et à Verceil, les Cimbres qui menaçaient Rome. Contre la loi et la coutume qui exigeaient dix ans avant qu'un Consul pût être élu pour la seconde fois, Marius le fut cinq ans de suite.

Le vieux Sénat aristocratique qui ne l'aimait guère, n'était pas disposé à tolérer plus longtemps cette illégalité. Il vit le danger, mais trop tard, La lutte s'engagea et le général vainqueur l'emporta et obtint son sixième consulat, grâce à la conclusion d'alliances électorales avec les pires éléments.

Dès lors, Marius ne connut plus de mesure. Des lois qui permettaient tous les actes arbitraires furent promulguées, loi de lèse-majesté tellement imprécise dans l'objet comme dans les termes qu'elle permettait de mettre à mort n'importe qui ; lois agraires attribuant aux Vétérans de l'armée vingt-cinq hectares de terres du domaine public. Quand celui-ci fut distribué, on spolia les propriétaires des terres qui plaisaient aux soldats, ce qui n'alla pas sans résistance. Pour maintenir une popularité toujours précaire, on diminua le prix du blé et l'on augmenta les distributions gratuites de vivres que l'on faisait chaque mois aux indigents.

Marius pour renforcer sa position entreprit d'obtenir que le Sénat sanctionnât son œuvre législative. Il y arriva et aurait sans doute établi définitivement son autorité personnelle, quand la fausse manœuvre d'un de ses hommes de main permit aux Patriciens de se ressaisir. Le peuple et l'armée qu'il avait imprudemment négligée, habilement travaillés, l'abandonnèrent. Il n'obtint pas son septième Consulat et dut quitter Rome.

L'heure de la contre-révolution venait. Marius vit se lever l'étoile de celui qu'il considérait comme son plus redoutable rival : Lucius Cornélius Sylla.

Ce jeune aristocrate avait été le propre chef d'Etat-major de Marius pendant la guerre de Numidie. Ce qui l'avait mis en évidence et lui avait permis d'acquérir les sympathies de la troupe.

Aussi ambitieux que Marius, mais infiniment plus diplomate, Sylla avait laissé son chef s'engager seul dans la démagogie. Le moment venu, il rompit avec lui et se présenta au Sénat comme le champion des classes patriciennes que Marius s'efforçait d'exterminer.

Il devint rapidement le chef du parti sénatorial, Lorsque les Italiotes révoltés contre Rome décidèrent de s'en emparer, ce fut Sylla qui reçut le commandement de l'armée de défense. Au cours d'une guerre atroce, il réduisit les révoltés et sauva la ville qui l'éleva, en récompense, au Consulat.

Marius rentré à Rome se déchaîna contre lui et multiplia les intrigues pour recevoir le commandement de l'armée que l'on envoyait combattre contre Mithridate, roi du Pont, contrée aux trésors fabuleux »

Le Sénat s'empressa de nommer Sylla, ce que voyant, Marius lâcha la bride à l'émeute et fit casser par un vote du peuple le décret du Sénat.

Sylla n'hésita pas et ordonna à son armée déjà réunie de marcher sur Rome.

La décision était grosse de conséquences, car une loi formelle et jamais encore transgressée, interdisait l'entrée de la ville à une troupe armée.

Les légions hésitaient. Sylla comprit que s'il faiblissait, il était perdu, Il entraîna ses soldats par l'espoir du pillage et obtint qu'ils livrassent bataille aux soldats de Marius. Ceux-ci furent vaincus et le vieux général démagogue contraint une fois encore à s'expatrier en Afrique.

Sylla crut en être débarrassé pour toujours. Il rétablit le Sénat dans toutes ses prérogatives, fit élire deux consuls dont il se croyait sûr, L.-C. Cinna, Octavius, et partit pour l'Asie.

Dès qu'il fut assez loin pour qu'on n'eût pas à redouter son retour, Marius rentra en Italie et s'étant assuré la complicité de L. C. Cinna, conduisit les bandes qu'il avait recrutées à l'assaut de la ville ingrate qu'elles emportèrent d'assaut.

Pour la dictature démagogique, l'heure de la vengeance avait sonné. Elle fut atroce. Pendant cinq jours, le massacre se poursuivit. Patriciens, sénateurs, magistrats, qui n'avaient pu ou voulu fuir, furent impitoyablement égorgés, ainsi que leurs femmes et leurs enfants. On marchait dans le sang, tandis que le vieux Marius comptait avec une joie horrible les têtes tranchées des sénateurs qu'il faisait disposer sur la tribune aux harangues.

L'aristocratie était écrasée. Alors Marius convoqua le peuple et pour la septième fois se fit élire Consul.

Il s'empressa de déclarer Sylla hors la loi et se disposait à rejoindre l'Asie pour lui ravir le commandement de l'armée, quand il mourut, laissant le gouvernement aux mains de son fils et du consul Cinna, celui-là même qui lui avait permis d'assouvir sa vengeance.

SYLLA

Après la terreur rouge, la terreur blanche, Trois ans plus tard, ayant vaincu Mithridate, Sylla revint à Rome prêt à exercer des représailles. Elles furent à la mesure des massacres de Marius, mais, si l'on peut dire, plus ordonnées. Sylla, l'homme des sénateurs, avait la préoccupation des formes. Il se fit investir du pouvoir de réformer la constitution.

Le vote acquis, « l'épuration » commença avec méthode. Des listes étaient dressées. Elles étaient remises aux assassins qui allaient exécuter à domicile et qui ne se recrutèrent pas seulement dans la soldatesque ou dans la populace. De hauts personnages, des patriciens ne dédaignèrent pas d'exercer eux-mêmes leur vengeance. Le fameux Catilina se distingua par les raffinements de torture qu'il infligeait à ses victimes.

Les meurtres étaient payés, si l'on peut dire, à la pièce, et le prix du sang Atteignit jusqu'à deux talents » un peu plus de dix mille francs de notre monnaie. Aussi les volontaires ne manquaient pas.

De Rome, la terreur s'étendit à l'Italie entière. Toutes les cités convaincues de sympathies marianistes furent rançonnées, dévastées, et leurs magistrats massacrés.

Ayant ainsi noyé dans le sang toute possibilité d'opposition du moins pour l'avenir immédiat, Sylla donna à Rome une constitution nouvelle qui privait la plèbe de la plupart des droits qu'elle avait si péniblement acquis. Le Sénat, que Marius avait réduit au rang d'une assemblée presque consultative, reçut les pouvoirs souverains. Les patriciens respirèrent et se crurent assurés. d'une longue période de gouvernement.

Cependant, les réformes de Sylla n'étaient point aussi heureuses qu'il avait d'abord semblé. Son régime d'autorité n'apportait pas à Rome l'élément stable de gouvernement qui pouvait arbitrer les conflits permanents de la plèbe et de l'aristocratie.

Si la plèbe terrorisée restait muette, il était certain qu'elle chercherait un jour ou l'autre à secouer le joug que l'on faisait peser sur elle. Elle avait fait l'épreuve de sa force. Et quand un chef surgirait pour lui proposer de renverser les oppresseurs, il était trop sûr qu'elle le suivrait.

L'expérience de Sylla ne pouvait que mal finir. On ne fonde pas un ordre social durable sur le sang répandu, sauf à exterminer, ce qui est impossible, une classe tout entière. Peut-être se serait-elle prolongée davantage si le dictateur avait vécu. Mais il mourut deux ans après sa contre-révolution.

POMPÉE ET CÉSAR, OU LA DÉFAITE DE L'ARISTOCRATIE RÉPUBLICAINE

Rome ne devait pas tarder à retomber dans les désordres. Cependant, Sylla mort, le Sénat prit peur et sachant par expérience que seule la force armée pouvait tenir la plèbe en respect, il fit appel à un jeune général de vingt-six ans, Cnéius Pompée.

La précaution était sage car deux séditions éclatèrent bientôt, fomentées et dirigées, la première par le consul Lepidus resté fidèle à la mémoire de Marius, et la seconde par Spartacus qui avait soulevé les esclaves.

Pompée les vainquit l'un et l'autre, avec l'aide du préteur Marcus Licinius Crassus qui s'était improvisé général. On crut un moment que les deux sauveurs, disposant chacun d'une armée, allaient se livrer bataille. Ils eurent l'intelligence de s'entendre et de se faire élire Consuls en même temps.

Rome avait désormais deux maîtres qui étaient de simples politiciens. Aussitôt en place, ces défenseurs de l'ordre n'eurent rien de plus pressé que de trahir la confiance du Sénat et de flatter la démocratie, l'un et l'autre estimant la constitution aristocratique de Sylla inapplicable et se souciant surtout de ménager leur propre avenir,

Pompée avait mesuré la faiblesse du Sénat qui, sans le secours de l'armée, ne pouvait rien entreprendre, alors que le peuple avait la faculté d'agir lui-même.

Partant de cette vue très juste que seule l'union de l'armée et du peuple pouvait garantir le pouvoir à qui disposerait de leur double force, Pompée s'efforça de la réaliser et y réussit,

Maître de Rome, l'ambition lui vint d'ajouter à sa réputation le lustre des conquêtes militaires. Il s'embarqua pour l'Asie où Mithridate, déjà battu par Sylla, avait réussi à former une seconde coalition.

Quand il revint à Rome chargé d'un immense butin, il commit l'erreur de licencier ses troupes, croyant avec naïveté que les services rendus le mettaient à l'abri de toute aventure » Le Sénat, le voyant sans armée, crut le moment venu de sa revanche et lui refusa les honneurs du triomphe » Le signe était clair, le péril certain.

Pompée comprit et se hâta de rechercher l'appui du populaire.

C'est alors qu'il rencontra César.

A vrai dire, il le connaissait depuis longtemps, mais en homme glorieux, plein de son importance, il n'avait jamais accordé qu'une attention condescendante au neveu de Marius, malgré les charges que celui-ci avait remplies avec éclat »

César, lui, avait jugé Pompée et reconnu ses points faibles. Il le prit par la vanité, le conduisant en lui donnant l'illusion de conduire les autres. C'est ainsi que César lia partie avec Crassus, le réconcilia avec Pompée et lès persuada qu'à eux trois ils se partageraient le monde.

Ainsi fut formé le triumvirat qui, faisant litière des institutions romaines, créait Une magistrature nouvelle, officieuse, véritable dictature en réalité.

César en fut le chef et s'octroya le proconsulat des Gaules, laissant à Crassus le commandement en chef de l'armée levée contre les Parthes, et à Pompée la charge de surveiller à Rome les affaires de l'association.

Pour obtenir la ratification populaire, les triumvirs recoururent au vieux procédé de Marius. Une loi accorda des terres à tous les citoyens pères d'au moins trois enfants.

Crassus et César partis, Pompée montra son insuffisance. Les problèmes politiques qui se posaient à Rome, depuis le départ des armées dépassaient infiniment sa capacité. Il ne sut pas mettre à la raison un agitateur dangereux, Clodius, homme de rien mais qui aspirait à la magistrature suprême.

Si Clodius réussissait, c'en était fait des triumvirs. Pompée, incertain de la conduite à tenir, négocia avec le Sénat et fut nommé Consul, avec mission de délivrer Rome de la terreur clodienne. Ce que voyant et redoutant la répression, les partisans de Clodius disparurent et avec eux l'agitation qu'ils entretenaient.

Pompée s'imagina qu'il avait remporté ce succès par son seul mérite et se crut assez fort pour rompre le pacte qui l'unissait à César. Crassus avait disparu, ayant été assassiné chez les Parthes »

Prévenu de ce qui se tramait contre lui, César fit offrir à son associé de renouveler leur alliance, ou de déposer chacun leur dignité. Pompée refusa et obtint du Sénat qu'il ordonnât à César de licencier son armée avant de venir rendre ses comptes.

Tel jadis Sylla, César n'hésita point. Il franchit le Rubicon et marcha sur Rome, Pompée ni le Sénat ne l'attendirent et se réfugièrent en Grèce. César les y poursuivit et écrasa leur armée à la bataille de Pharsale, Ce fut la fin de Pompée qui s'enfuit et fut assassiné peu après, C'était aussi la fin du parti sénatorial c'est-à-dire aristocratique.

César pouvait rentrer à Rome. Il y revint après avoir pacifié les régions éprouvées par la guerre, reçut des honneurs presque divins et fut nommé dictateur avec des pouvoirs légaux qu'aucun autre n'avait reçus avant lui.

Le Sénat lui-même abdiqua sa puissance devant le conquérant des Gaules. Encore une fois l'aristocratie républicaine était vaincue par la dictature. Le césarisme était né, Par un de ces contresens dont l'histoire et la politique sont remplis, il est devenu synonyme de réaction alors qu'il était l'ennemi des vieilles institutions, du patriciat et des conservateurs et consacrait la victoire de la plèbe.

Assuré de durer, César entreprit la grande réforme de l'État. Réformes judiciaires, lois sociales, statut et limitation de l'emploi des esclaves, ordonnances contre l'étalage d'un luxe excessif, se succédèrent. Tout cela était déjà assez fasciste et l'on s'explique le culte de Mussolini pour le « divin Jules ».

Mais une chose a fait la gloire de César et rendu son nom immortel. Il sut s'élever au-dessus des partis et de ne considérer, comme Périclès à Athènes, que la grandeur de sa patrie,

Esprit politique, il comprit qu'après tant d'années de guerre civile, il fallait avant tout ramener la concorde. Il s'y employa par de larges amnisties et par l'exemple qu'il donna le premier de l'oubli des injures, distribuant charges et magistratures à ceux qui l'avaient le plus âprement combattu.

Rome respirait enfin après soixante-dix ans de complots, de soulèvements, de massacres et César eut assez de prestige pour mater la démocratie après qu'il s'était servi d'elle pour dominer, La plèbe, fortement tenue en main, dut rompre avec ses habitudes de paresse. On diminua de plus de moitié le nombre des assistés publics, Deux cent mille Romains se virent du jour au lendemain contraints d'assurer leur propre subsistance, et comme les colonies manquaient de bras, on leur offrit de les y transporter pour cultiver la terre, Ainsi furent colonisées la Gaule méridionale et l'Afrique du Nord. Rome sentait une poigne.

L'ordre social était rétabli. Le Dictateur prépara la pacification définitive des provinces orientales où des foyers de troubles se rallumaient périodiquement,

Un complot ne laissa pas à César le temps d'achever son œuvre. Un certain nombre de patriciens avaient résolu d'assassiner César et, redoutant de manquer leur coup s'ils l'attaquaient en public, ils décidèrent de le frapper dans l'enceinte de ce Sénat qu'il avait si profondément transformé et abaissé. Leur acte, pensaient-ils, en prendrait une signification plus grande. Préparé avec soin, l'attentat réussit, Le 15 mars de l'an 44 avant Jésus-Christ, César tomba percé de vingt-trois coups de poignard. On prend encore Brutus pour un héros et un martyr de la République. Ce n'est vrai qu'à la condition d'ajouter que cette République était celle d'une oligarchie, à peu près les « deux cents familles » que dénoncent tous les jours chez nous M, Léon Blum et le « Front Populaire » avec cette différence qu'à Rome, on pouvait les nommer.

Cependant les conjurés en furent pour leur espérance, Le jour des funérailles, Antoine, premier lieutenant de la victime, ameuta le peuple contre les assassins qui furent obligés de fuir. Les autres sénateurs gardés à vue se hâtèrent de les désavouer. Les troubles risquaient de renaître. Mais l'œuvre dé César avait porté dès fruits. De tous les points de l'Empire, un désir de paix et d'autorité montait, peu propre à encourager lès amateurs des libertés républicaines et de l'institution sénatoriale. Aussi lorsque le fils adoptif du mort arriva à Rome, fut-il salué comme l'héritier légitime.

Octave dut toutefois accepter de partager le pouvoir avec Antoine qui s'était emparé du Trésor et avec Lépide qui disposait d'une certaine influence sur l'armée, L'expérience des triumvirs recommençait, tolérée comme gouvernement de transition, Quelques secousses devaient encore se produire. Mais le monde romain réclamait la fin des factions. L'ère des grands troubles était close. Une dernière révolution éclata qui fut rapidement maîtrisée. Et Octave-César, enfin débarrassé d'Antoine, resta seul maître de Rome et du monde,

La République était morte,

Cent ans de désordres, d'émeutes, de complots, de révolutions, de massacres comme le monde n'en avait jamais connu, aboutissaient à l'établissement du pouvoir absolu et, en somme, le peuple, qui avait toujours regretté la vieille royauté issue des héros légendaires Romulus et Remus, remportait sur l'aristocratie une victoire définitive.

Chapitre 3

LES TEMPS MODERNES

CROMWELL, LE LORD PROTECTEUR

Entre l'antiquité et les temps modernes, l'idée de dictature semble abolie, L'idée manque et aussi la chose. Le moyen âge disparaît dans cette sorte de Légende des siècles. Pourquoi ? Avant tout parce que le régime féodal reposait sur un ensemble de droits et de devoirs tellement réglé qu'il n'y avait pas de place pour les usurpateurs, La hiérarchie des autorités légitimes dispensait do recourir à des pouvoirs extraordinaires et illégitimes. On observe d'ailleurs que l'Italie, où la féodalité ne régna jamais que d'une manière très imparfaite, fut la première, dans la vie tumultueuse de ses cités, à ranimer l'image du tyran. Qu'on se rappelle seulement le drame de Lorenzaccio.

Mais voici un cas qui mérite toute réflexion, Ou apparaît le premier dictateur du type contemporain ? En Angleterre. Et qu'est-ce que l'Angleterre ? La « mère des Parlements », le pays qui a adopté pour lui-même et, par imitation, répandu chez les autres le régime dès assemblées. Cromwell tend déjà à laisser croire que la dictature est un phénomène qui accompagne les révolutions, la démocratie et le système parlementaire.

Au XVIIe siècle, en Angleterre, les Stuarts avaient voulu copier la monarchie française. Mais Charles Ier n'était pas Louis XIII, Buckingham n'était pas Richelieu, et les Anglais n'étaient pas les Français.

Le roi et son favori, à côté de grandes qualités de noblesse, de générosité, d'amour réel du pays, montrèrent un goût du faste, des manières brillantes et cavalières qui, parce qu'il fallait beaucoup d'argent pour les soutenir, irritaient les marchands anglais devenus l'élément le plus riche et le plus puissant de la nation. A cette cause de mésentente entre le roi et les bourgeois s'ajoutait une cause religieuse.

La religion d'État était la Haute-Église, très voisine du catholicisme, que les marchands de la Cité, chez qui la fortune développait en même temps le goût de l'indépendance et de l'argent, trouvaient détestable à cause de son principe d'autorité et de sa liturgie dispendieuse,

La raison avouée n'était pas celle-là, mais bien la « corruption romaine » et le « papisme » dont les puritains se plaignaient en se voilant la face. Pourtant leur corruption à eux était plus coupable, le péché d'avarice étant plus grave que celui de prodigalité, aux termes mêmes de la Bible, bien que rien n'empêche d'invoquer le Seigneur en faisant la caisse.

Olivier Cromwell appartenait à la bonne bourgeoisie campagnarde. La remarque a son importance en raison du côté « militaire » de sa carrière. Né à Huntington le 25 avril 1599, il mena l'existence d'un gentilhomme, et s'il devint chef de bande ce fut parce qu'il avait naturellement le génie militaire d'un chef d'armée. Si Cromwell était né dans la Cité avec le goût ou la tradition du négoce, il est probable que Charles I" n'aurait pas eu la tête tranchée.

On a dit que le Protecteur avait mené une jeunesse libertine, Même si c'était vrai, ce serait sans grand intérêt. Il faut plutôt observer et retenir ses hérédités galloises et celtiques qui expliquent en partie son mysticisme, son fanatisme, son goût du prêche, son souci du salut des âmes, son caractère plus passionné que raisonnable, La sévérité de l'Oxfordshire où il vécut contribua à faire de lui le mélancolique, le nerveux et le violent que ses contemporains ont décrit et que ses actes dénoncent.

Olivier Cromwell débuta dans la vie publique, en 1628, comme député de Cambridge aux Communes. Il n'y resta que trois mois. Quand fut dissous le Parlement, Cromwell rentra paisiblement chez lui.

Il s'installa à Saint-Yves avec sa famille, s'occupa d'élevage et aussi de l'organisation de prêches puritains pour lutter contre l'influence catholique de la reine que la Cour était accusée de subir et contre la puissance grandissante de la Haute Église qui, pour les protestants, semblait annoncer la prochaine soumission de l'Angleterre à Rome.

En avril 1640, le roi, qui avait besoin de ressources et qui ne pouvait les obtenir qu'avec le consentement du Parlement, le convoqua à nouveau après une interruption de onze ans. Cromwell y siégea comme représentant de Cambridge,

Dès les premières séances, le conflit éclata entre le roi et les parlementaires, La défiance de ceux-ci, le mépris souverain de celui-là, rendaient toute entente impossible. Le 5 mai, Charles convoqua les Communes à la Chambre des Lords, et, en termes irrités et méprisants, il prononça la dissolution du Court Parlement. Celte assemblée avait eu trois semaines d'existence,

Encore une fois, Olivier revint chez lui. En novembre, nouvelle convocation des Communes, Cromwell fait lé voyage dé Londres, Il à quarante ans et il est encore tout à fait obscur, Un de ses collègues, sir Philip Warwick, a laissé de lui un portrait peu flatté, avec « son habit de drap tout uni, grossièrement coupé ; son linge grossier ; sa rapière serrée contre sa cuisse. » « Il parlait, ajoute sir Philip, avec une éloquence pleine de ferveur. Le motif de son discours n'était guère raisonnable ; il plaidait pour un domestique qui avait distribué des libelles contre la reine. Je dois avouer que l'attention avec laquelle ce gentilhomme fut écouté diminua beaucoup ma révérence pour cette grande assemblée. »

Bientôt des sujets plus sérieux, des controverses dogmatiques donnèrent au député de Cambridge l'occasion de s'imposer. Dans les discussions théologiques qui occupaient les commissions du Parlement, Cromwell usait d'un langage obscur, prophétique, propre à séduire des assemblées que la passion religieuse emportait.

Le désaccord grandissait entre le roi et les parlementaires. Les Puritains traitaient le roi de « méprisant » parce qu'il ne voulait pas discuter avec des hommes qui prenaient leurs désirs pour des commandements de Dieu ; de « borné » parce qu'il ne voulait rien céder des principes de la monarchie. L'entente devenait impossible. La « Grande Remontrance » où tous ces griefs étaient rassemblés, qui développait avec plus de vigueur la « Pétition des Droits » fut votée en novembre 1640.

Cromwell y avait eu sa large part par la véhémence qu'il avait mise à soutenir le projet » faisant ressortir que les députés seraient tout puissants dans la lutte contre le monarque, le jour où le Parlement disposerait du commandement des troupes. « Le Parlement, disait-il en substance, ne peut être victorieux que s'il a une armée à sa disposition. On n'oblige ni ne force personne avec des phrases et des mots. Il y faut des soldats et des armes, » En fait, si le Parlement anglais n'avait pas eu dans son sein un chef capable de lever et de commander une armée et de battre à plate couture l'armée régulière, il aurait eu le même sort que le Parlement judiciaire de Louis XV dont les membres furent reconduits chez eux par les dragons,

A l'origine du pouvoir de Cromwell, il y a les « Côtes de Fer » de même que Mussolini a eu les chemises noires et Hitler les chemises brunes, similitude que nous avons déjà rencontrée et que nous rencontrerons encore.

Cromwell sentit pendant ces journées agitées de l'hiver de 1641 qu'il était de taille à assurer la charge de commander cette armée. Son instinct ne le trompait pas. Sa véritable personnalité va se révéler dans la guerre et l'on se demande pourquoi il n'est pas resté dans l'histoire sous le nom du général Cromwell,

L'idée que l'on aurait de son œuvre serait plus claire,

A peine la rupture était-elle consommée entre le Parlement et la couronne, et le roi sorti de Londres pour prendre la tête des troupes royalistes, que Cromwell aidait de toutes ses forces à l'organisation des forces restées fidèles au Parlement,

En septembre, il écrit ; « J'ai une compagnie adorable, Vous respecteriez ces soldats si vous les connaissiez. » On sent chez lui le militaire né. Il aime ses hommes, puritains enragés comme lui et qui ne demandent qu'à martyriser l'ennemi au nom des saints principes. Il leur impose une discipline de fer. Après quelques rencontres où il fait merveille, il est successivement promu colonel, puis lieutenant général.

A la bataille de Marston-Moor, le 2 juillet 1644, où l'armée puritaine se rencontre avec les troupes royales, c'est Cromwell qui forme l'aile droite, avec les deux mille cinq cents hommes qu'il commande.

La gauche et le centre sont enfoncés, les troupes de Charles crient déjà victoire, quand Cromwell et les siens contre-attaquent et emportent la décision, C'est de ce jour qu'on les appela les « Côtes de Fer » et que leur renommée s'étendit au point que leur présence dans un engagement faisait en leur faveur préjuger de la victoire..

Pendant toute une année de guerre civile victorieuse, la réputation de Cromwell, chef de guerre s'affirme. Le Parlement lui réserve le poste de commandant en chef de la cavalerie. Cromwell justifie sa confiance en écrasant les troupes royales à Naseby, le 12 juin 1645.

La première guerre civile s'achevait par un triomphe éclatant du Parlement. C'est à Cromwell qu'on le devait.

Pendant trois ans, il ne cesse, tant à Westminster qu'à l'armée, d'exciter les passions contre Charles I". Il s'emploie à rallumer la guerre civile dans le dessein de s'emparer du roi, car il a compris que si Charles lui échappait, jamais la faction puritaine ne pourrait imposer ses principes.

De là, logiquement, il en arriva au crime du 9 février 1649, à la « cruelle nécessité » de supprimer le monarque. Nécessité aussi vaine que cruelle. Le jour même de l'exécution de Whitehall, Charles II, âgé de vingt-neuf ans, est proclamé en Ecosse par le comte de Mont rose ; l'Irlande catholique le reconnaît. Le phénix de la monarchie renaît sous les yeux de Cromwell. Pendant le procès du Roi, lorsque Bradshaw, le Président du Tribunal » prononçant l'acte d'accusation, déclara qu'il parlait « au nom des communes assemblées en Parlement et du bon peuple d'Angleterre », une voix angélique, celle de la courageuse lady Fairfax, s'éleva d'une tribune pour crier:« C'est un mensonge ; pas la moitié, pas le quart du peuple d'Angleterre. Olivier Cromwell est un traître. »

Ce sentiment était celui de toute l'Angleterre non puritaine. Aussi dès le lendemain de la mort du roi, la confusion dont souffrait le pays se trouva multipliée. Jamais la bataille des sectes et des factions civiles n'atteignit un degré plus aigu que dans l'Angleterre de 1650.

Du jour où il est le maître, Cromwell voit presque toute l'Angleterre se tourner contre lui et, sans la troupe disciplinée et fanatisée qui le protégeait, il aurait rapidement subi le même sort que le Roi. Pour comble, les difficultés naquirent au sein même de cette troupe de partisans. Quand les Côtes de Fer étaient parties en guerre, c'était, leur avait-on dit, pour rétablir le Paradis sur la terre, c'est-à-dire pour avoir la liberté,'l'égalité, la fraternité, et surtout le partage des biens. Or, la guerre continuait avec sa discipline et ses privations. Alors, les Côtes de Fer devinrent les Niveleurs et prétendirent prendre eux-mêmes la part qui leur revenait. La répression d'Olivier fut immédiate et inflexible ». Comme Robespierre frappera les « exagérés », il noya dans le sang ses « adorables » compagnies et ainsi retrouva son empire sur ce qui en restait.

Il a de nouveau son instrument en main pour poursuivre sa carrière apocalyptique. L'Irlande et l'Ecosse se révoltent

« au nom du Roi ». Il passe en Irlande, animé d'une « furie sanguinaire » et en neuf mois réprime le soulèvement, dans les journées décisives de Drogheda et Wexford. Puis c'est le tour de l'Ecosse dont il écrase les troupes à Dunbar et à Worcester.

Cromwell a vaincu tous ses ennemis. Il règne. Il est nommé lord Protecteur. Il a toute la puissance. Qu'en va-t-il faire ? Rien. Littéralement rien; il ne sait quel régime adopter. Il dit « qu'une organisation qui rappellerait le pouvoir monarchique serait très pratique » et instaure un gouvernement militaire qui semble bien pire à la nation que l'absolutisme de Charles Ier. Lorsque les mécontents disent : « Nous nous sommes battus pour que la nation puisse se gouverner selon son choix », Cromwell répond avec une impuissance pleine d'angoisse : « Mais, où le trouverons-nous, ce choix ? Chez les épiscopaliens, les presbytériens, les indépendants, les anabaptistes ou les égalitaires ? » L'infirmité de la dictature anglaise se trahit dans cette réponse.

Mais il faut trouver l'ironie suprême de cette aventure qui n'en manqua pas dans le fait que les principales difficultés que le Protecteur rencontra vinrent du Parlement.

Cromwell n'avait fait la guerre civile que pour obliger Charles Iᵉ à gouverner avec le Parlement, et voilà que lui-même reconnaissait qu'il était impossible d'arriver à rien s'il s'inclinait devant cette institution. Avec sa résolution coutumière et sans s'embarrasser du précédent encore présent à toutes les mémoires, appuyé sur ses troupes et surtout sur sa réputation militaire, il pénétra à Westminster le 20 avril 1653 et » d'une voix tranchante : « Allons, allons, dit-il aux députés ébahis, nous en avons assez. Je vais mettre fin à votre bavardage... Il ne convient ni à l'intérêt de des nations, ni au bien public, que vous siégiez ici plus longtemps. Je vous déclare donc que je dissous ce Parlement. »

Les députés se séparèrent sans esquisser la moindre résistance et Cromwell » par dérision » fit mettre sur la porte de la salle des séances l'écriteau fameux : Chambre non meublée à louer. Bientôt, cependant, il se retrouva seul, tellement seul au milieu d'un pays divisé, dont il renonça bientôt à apaiser les disputes » qu'en désespoir de cause il se décida à convoquer de nouveau le Parlement »

Déception nouvelle, chaque fois qu'il fait appel aux députés pour adopter des mesures propres à ramener l'ordre, sa majorité diminue, les attaques contre lui se font plus vives, et chaque fois le Protecteur constate davantage l'incompétence, la mauvaise volonté, la légèreté de l'assemblée. Le loup devenu berger ne pense plus qu'à mordre. Une seconde session ne dure que dix jours, et le 4 février 1658, les députés convoqués s'entendent dire : « Tout cela ne tend qu'à faire le jeu du roi d'Ecosse... De tout cela il ne peut sortir que de la confusion et du sang. Je crois qu'il est grand temps de mettre fin à votre session et je dissous ce Parlement. Que Dieu juge entre vous et moi. »

C'est la dernière déclaration publique d'Olivier Cromwell, Il est au bout de ses forces et de sa vie. Il meurt le 3 septembre 1658.

Moins de deux ans après, l'Angleterre s'enrouait à force d'acclamer la restauration de Charles IL L'immense effort de Cromwell n*avait abouti qu'à convaincre l'Angleterre qu'un autre Stuart vaudrait mieux qu'un dictateur,

Cromwell était parti en guerre au nom de la liberté contre l'absolutisme, et » après s'être emparé du pouvoir, il avait vu qu'il ne pouvait le conserver et l'exercer que par la force, selon sa formule :... « ayant dit ceci, Moi, ou plutôt le Seigneur, exigeons de vous... », formule que n'aurait jamais osé employer n'importe quel roi représentant un droit divin, et qui d'ailleurs aurait été bien vain si Cromwell n'avait pas eu sa bonne armée à sa disposition. La preuve en est que, quand le paisible Richard Cromwell succéda à son père, et prouva jusqu'à l'absurde qu'il était bien trop courtois pour passer à cheval sur le ventre de ceux qui n'étaient pas de son avis, alors, tout le système « cromwellien » s'effondra comme un château de cartes et l'Angleterre revint à la monarchie des Stuarts.

Quatorze ans de désordre, de guerre civile, de massacres et de tyrannie n'avaient exactement servi qu'à renforcer la monarchie en la faisant apparaître comme mille fois préférable.

Depuis, les Anglais ont pu changer de dynastie. Ils ne se sont plus livrés à un héros des « Côtes de Fer » ou des « Têtes Rondes ».

RICHELIEU

Dans l'ordre chronologique, Richelieu devrait venir avant Cromwell. Mais nous sommes, sous le fameux cardinal, en présence d'un cas très particulier que les contemporains, se rendant fort bien compte des choses, ont appelé le « ministériat », c'est-à-dire le gouvernement presque absolu d'un premier ministre dont les actes recevaient la sanction du souverain.

Ce régime, la France l'a beaucoup admiré plus tard. Sur le moment ceux à qui il imposait une discipline sévère et nécessaire s'en sont plaints comme d'une abominable tyrannie. Mais reprenons le fil.

En assassinant Henri IV, le 14 mai 1610, Ravaillac avait cru faire œuvre pie. C'était la séquelle des guerres de religion. En vérité, la mort du Béarnais risquait de porter un coup terrible à la France, à peine remise des troubles de la Réforme et de la Ligue.

Tout le travail de consolidation que le grand prince avait entrepris n'était qu'ébauché et si l'Edit de Nantes, cette transaction, avait conjuré pour un temps le péril protestant, les grands féodaux n'attendaient qu'une occasion de reprendre au Roi de France tout ce dont les patients efforts des successeurs d'Hugues Capet les avaient privés au profit de la couronne.

Sully rapporte que dès le lendemain du crime de la rue de la Ferronnerie, on disait dans les couloirs du Louvre : « Le temps des rois est passé. Celui des princes et des grands est venu. » Le propos ne manque pas de vraisemblance.

Qu'allaient trouver devant eux » pour faire obstacle à leurs ambitions » ces turbulents qui s'appelaient Condé, Vendôme, Bouillon, Nevers » Mayenne, Soissons ? Une régente d*intelligence médiocre, un Roi de huit ans et demi, de vieux ministres appelés par dérision « les barbons », bref » un pouvoir faible que » de gré ou de force, ils espéraient plier à leurs desseins.

Peu s'en fallut qu'ils ne réussissent et que le royaume ne fût désolé de nouveau par les discordes qui l'avaient déchiré au siècle précédent. Heureusement, ils ne s'entendirent pas entre eux.

A l'insubordination des grands s'ajoutait le double péril des querelles religieuses rallumées et des ambitions démesurées de la Maison d'Autriche. Menacée à l'intérieur et à l'extérieur, l'unité de la nation française ne pouvait être sauvée que par une poigne de fer. Le génie de la France voulut que Louis XIII comprît qu'il n'aurait pas, seul, la force nécessaire et que, passant sur ses préférences, il s'en remît au cardinal de Richelieu qu'il n'aimait guère jamais dont il avait mesuré l'énergie.

Le gouvernement de Richelieu fut une véritable dictature. Son originalité — et sa force — furent de s'appuyer presque exclusivement sur l'idée monarchique et nationale, au sens où on l'entend aujourd'hui et de tout subordonner à la grandeur du Roi, incarnation du pays. Tous les actes du cardinal obéirent à cette idée directrice.

Dramaturges et romanciers ont défiguré à plaisir Louis XIII et son ministre, donnant à l'un les traits d'un niais sournois et timoré, à l'autre ceux d'une sorte de maniaque cruel du despotisme. La vérité est différente. Certes, Louis

XIII n'était pas un prince aussi brillant que son père et son fils, Mais il a prouvé qu'il possédait de solides vertus d'intelligence en ne ménageant pas son appui au ministre qui le servait si bien et en le protégeant contre une opposition qui liguait contre l'œuvre entreprise les deux reines, les princes, la noblesse et une bonne moitié du pays.

Cette tâche, Richelieu l'avait définie dès son élévation au pouvoir » comme il l'expose dans son Testament politique : « Lorsque Votre Majesté se résolut à me donner en même temps l'entrée de ses Conseils et grande part de sa confiance, je lui promis d'occuper toute mon industrie et toute l'autorité qu'il lui plaisait de me donner, pour ruiner le parti huguenot, rabaisser l'orgueil des grands et relever son nom dans les puissances étrangères au point où il devait être. »

Les deux premiers points étaient la condition du troisième et l'on peut dire qu'ils donnèrent au ministre infiniment plus de souci.

Aussitôt entré au Conseil, le cardinal y prit une place prépondérante. Depuis son premier et si court passage au pouvoir de novembre 1616 à avril 1617, il avait consacré six années à l'étude des problèmes diplomatiques et des moyens de mener à bien les réformes qu'il souhaitait d'entreprendre. Aussi, dès les premières séances auxquelles il assista, donna-t-il à ses interlocuteurs, et surtout à Louis XIII, une impression de clarté, de force, de maîtrise que celui-ci n'avait trouvée jusque-là chez aucun autre. Sa confiance en fut fixée pour longtemps.

Richelieu en avait besoin, car, dès le premier moment, il eut à lutter contre l'opposition sourde, tenace et féroce de tous ceux qui se sentaient menacés dans ce qu'ils croyaient être leurs privilèges et dans leurs fructueuses combinaisons.

A cette époque » la notion de patriotisme n'était pas ce qu'elle est aujourd'hui. De grands personnages n'hésitaient pas à négocier avec les princes étrangers pour combattre tel ou tel dessein du gouvernement quand ils l'estimaient contraire à leurs intérêts.

C'est contre eux que Richelieu porta ses premiers efforts.

Informé par le remarquable service de renseignements qu'il avait organisé en France et hors de France » le cardinal n'hésita jamais » quel que fût le rang du coupable, à sévir de façon exemplaire, ayant fait comprendre au Roi que ces pratiques réduisaient à néant tous les efforts poursuivis pour fortifier son autorité et pour agrandir le royaume.

Il ne montra pas plus de pitié pour les fauteurs de guerre civile, mais s'il châtia d'une main lourde » ce fut pour montrer qu'il y avait quelque chose de changé en France » et que la naissance ne permettait plus les jeux dangereux que ses prédécesseurs avaient tolérés jusque-là.

C'est ce qu'il ne faut pas oublier si l'on veut pénétrer le sens de sa politique intérieure et en justifier les moyens.

Ses plus célèbres « victimes » Chalais, Montmorency, Cinq-Mars, de Thou, furent de vulgaires traîtres. Parce que d'intrépides amazones et d'aimables cavalières étaient mêlées à leurs intrigues, il a flotté autour d'eux pendant longtemps un parfum romanesque et d'aventures. A la vérité, c'étaient des criminels d'État.

Leurs exécutions successives eurent pour principal et presque pour unique effet de prouver aux grands qui s'agitaient depuis la mort d'Henri IV, que le temps était venu d'obéir, sinon qu'il y allait de leur tête.

Ils en conçurent contre Richelieu une haine mortelle et jurèrent sa mort ; dix fois leurs conjurations furent près de réussir. Le cardinal n'échappa que par miracle. Mais c'était le mal connaître que d'espérer de l'effrayer. Sûr de l'appui do son maître » il continua de se montrer inflexible clans tout ce qui pouvait nuire à la souveraineté de son prince et à la sécurité de l'Etat.

Jusqu'à sa mort » il dut combattre. Mais il eut le dernier mot et la tête de Cinq-Mars fut, si l'on peut dire » comme le point final de cette longue lutte » qui opposait la grande noblesse à la couronne » lutte dont celle-là sortait vaincue pour longtemps. De nos jours, un grand seigneur a encore coutume de dire : « Ma famille avait deux châteaux. L'un a été détruit par Richelieu, l'autre par la Révolution, »

Parallèlement à la mise à la raison des grands, Richelieu poursuivit la ruine du parti huguenot qui ne tendait à rien de moins qu'à démembrer le royaume, Toute l'œuvre de consolidation monarchique et d'expansion française que s'était assignée l'évêque de Luçon risquait d'être anéantie par le développement de la faction protestante qui, sous couleur de rigorisme et de vertu, visait à renverser le vieil ordre catholique romain pour lui substituer des institutions individualistes à tendances antimonarchiques.

Richelieu pouvait d'autant moins le souffrir que toute sa politique tendait à renforcer la monarchie, et que la tranquillité du royaume était la condition des grandes affaires qu'il se proposait d'entreprendre, A quoi bon, en outre, réduire les grands si toute une partie de la population avait pu braver à loisir, derrière les remparts de villes fortes, les édits et les soldats du Roi ? Tout ce qui était fait, tout ce qui restait à faire pouvait se trouver compromis si les chefs du parti huguenot alliés avec l'Angleterre » ouvraient à ses escadres et à ses mercenaires l'accès des ports et du territoire national.

Engagé à l'extérieur dans une partie redoutable qui exigeait des prodiges d'adresse et de force » Richelieu ne pouvait tolérer cette menace constante d'un ennemi introduit et soutenu en France par dés Français. De nécessité vitale, il lui fallait écraser les révoltés avant qu'ils n'eussent réussi dans leur rébellion.

Pour les gagner de vitesse, il déploya toutes les ressources de son génie et s'imposa une tâche incroyable. Comme, aujourd'hui » Mussolini » il assuma la conduite des principaux organismes de l'État, Aux affaires étrangères et au ministère de l'Intérieur » il ajouta la Guerre, les Finances, la Marine » et la fonction de général en

On lé vit » à la Rochelle, cuirassé et botté, l'épée au côté » tirer le canon » diriger les travaux d'^investissement et la construction de la fameuse digue. Ni les hasards de la guerre » ni une santé chancelante n'abattirent son courage. Son inflexible volonté força le succès.

La prise de La Rochelle mit fin aux projets des protestants. Doublement criminels eh tirant le canon contre les soldats du Roi et en appelant l'étranger » les chefs réformés ne pouvaient plus espérer qu'en la clémence. S'ils tentèrent » lors de leur première entrevue avec le cardinal, de présenter quelques exigences, ils baissèrent rapidement le ton. On leur fit grâce de la vie.

Matée à La Rochelle, l'insurrection reprit pourtant quelques mois plus tard dans le Midi. Richelieu, qui guerroyait en Italie avec le Roi, renvoya en hâte le souverain pour la réduire. La répression fut d'une vigueur touchant à la cruauté, car il fallait en finir. Le 28 juin 1629, le duc de Rohan pour les protestants et Richelieu au nom du Roi, signaient le traité d'Aies qui consommait la défaite du parti protestant français.

Vainqueur sur toute la ligne, le cardinal eut la sagesse et l'habileté de ne pas abuser de sa victoire. Au contraire, il obtint pour les vaincus des conditions que Louis XIII eût souhaitées plus dures. Mais Richelieu se souciait plus de rallier ses adversaires à la couronne par une paix aussi équitable que le permettaient les circonstances, que de leur fournir prétexte à des rancunes secrètes et durables. Il se contenta donc de leur enlever leurs places fortes, ce qui équivalait à les désarmer, La liberté de pratiquer la religion nouvelle fut reconnue et le roi s'engagea à ne faire aucune distinction entre ses sujets.

En somme, on revenait aux conditions de l'Édit de Nantes. Impitoyable dans la guerre, Richelieu s'était montré conciliant— plus par calcul politique que par goût— dès qu'elle avait cessé.

Deux ans et demi lui avaient suffi pour pacifier le royaume. Il était naturel qu'un pareil résultat assurât définitivement la confiance que le roi faisait à son ministre. Aussi la collaboration des deux hommes devint-elle de plus en plus étroite. Non que le premier s'en remît aveuglément au second. Grâce aux travaux de M. Louis Batiffol, nous savons maintenant que les initiatives royales furent nombreuses et qu'ils n'étaient pas toujours du même avis. Mais le roi ne refusa jamais de se rendre aux raisons de son ministre et le soutint toujours comme lors de la Journée des Dupes où Richelieu l'emporta sur la mère du roi, laquelle dut prendre le chemin de l'exil.

Débarrassé des protestants, délivré pour un temps des conspirations. qui visaient ouvertement à l'expédier dans l'autre monde, Richelieu put enfin songer au troisième point de son programme, l'abaissement de la Maison d'Autriche.

Il s'y dévoua avec la passion qu'il apportait à tout ce qui intéressait la grandeur de son pays. Ayant réussi dix années durant, par de savantes manœuvres, à écarter la guerre, il dut enfin s'y résoudre. D'abord battu, puis victorieux, grâce à l'exacte appréciation qu'il avait faite des moyens nécessaires pour vaincre, il mourut non sans avoir eu à se défendre d'une dernière conjuration intérieure du genre de celles qui avaient usé plus de la moitié de sa vie. Du moins, il emportait dans la tombe la certitude que son œuvre lui survivrait.

En dix-huit ans de dictature appuyée sur l'autorité royale, Richelieu avait jeté les fondements de l'État moderne. Il savait que tout n'était pas fait, que tout n'avait pu l'être. Mais avec sa connaissance des choses, il pouvait mesurer au chemin parcouru, qu'il ouvrait à ses successeurs toutes les possibilités. Un personnel bien recruté et docile » des féodaux matés » un exemple laissé » des usages restaurés » un état d'esprit créé du haut en bas de l'échelle sociale, une administration enfin habituée à ne pas badiner avec le service public, allaient rendre possible l'épanouissement de cette grandeur française à laquelle il avait tout sacrifié. Tels furent, on s'accorde aujourd'hui à le reconnaître, les fruits de la dictature ministérielle de Richelieu.

Et après lui ? Il y avait encore un roi mineur, une régente. On essaya de continuer le système du cardinal français avec un cardinal d'origine italienne, tout simplement parce qu'il se trouvait là et qu'il était le plus intelligent des quatre conseillers désignés par Louis XIII. Anne d'Autriche eut une manière originale de s'assurer les services de Mazarin : elle l'épousa secrètement, chose qui semble aujourd'hui avérée et qui doit étonner d'autant moins que Mazarin, bien qu'il portât la pourpre romane, n'était pas d'Église.

Étranger, ne possédant ni la dignité, ni le prestige de Richelieu, Mazarin fut encore moins bien supporté que son prédécesseur et devint franchement impopulaire. Tout ce que le grand cardinal avait refoulé tenta de prendre sa revanche. Ce fut la Fronde, essai de révolution du XVII° siècle. L'œuvre politique que Richelieu avait laissée permit à l'habileté de Mazarin d'en venir à bout.

Néanmoins la chose était jugée. Les Français ne voulaient plus du « ministériat ». Et comme on avait failli, avec la Fronde, retomber dans l*anarchie » il ne restait qu'une ressource » le gouvernement direct du roi, la monarchie autoritaire.

C'est pourquoi le premier mot de Louis XIV devenu majeur fut le fameux : « L'État c'est moi. » La France l'acclama. En effet ce mot ne parut nullement despotique mais libérateur. L'État » ce ne serait plus un ministre, ni de grands soigneurs et leurs belles dames de la Fronde » ni les magistrats du Parlement, ni les financiers (d'où l'importance et la signification du procès de Fouquet). Le pouvoir serait exercé d'une manière indiscutable par son représentant légitime, l'héritier des rois de France.

LOUIS XIV, DICTATEUR ET ROI

On ne s'étonnera donc plus que nous rangions le grand roi parmi les dictateurs, bien que l'idée de dictature implique de façon générale la substitution d'un pouvoir passager au pouvoir normalement établi. Mais cette vue ne présente, au vrai, qu'une conséquence, l'objet propre du dictateur étant de restaurer ou d'instaurer l'autorité au profit de l'État, ce qui fut par excellence le souci constant de Louis XIV.

Fils et héritier de roi, Louis XIV était naturellement appelé à succéder à son père ; mais, dès son enfance, humilié par la Fronde, il eut la volonté arrêtée d'être le roi, de dominer ses sujets à quelque ordre qu'ils appartinssent, quels que fussent la hauteur de leur naissance ou l'éclat de leurs services. Plus qu'aucun autre souverain de la lignée capétienne, il se prépara à régner en personne et nul n'avait été aussi prêt que lui à gouverner le royaume.

Sans doute ne faut-il pas construire a posteriori l'image d'un jeune prince alliant les vertus d'un vieil homme d'État aux séductions de la jeunesse. Avant d'avoir atteint à la sagesse qui nous frappe et nous émeut dans ses Mémoires commencés lors de sa trentième année, le fils de Louis XIII a dû faire ses écoles d'homme et de souverain, Mais la première idée claire qu'il eut de très bonne heure, celle dont découlèrent les plus heureuses conséquences, c'est qu'il devait épargner à tout prix à la couronne et à la France les périls de nouveaux troubles intérieurs,

Jamais il ne devait perdre le souvenir de la Fronde et c'est pourquoi il s'établit à Versailles, où il était à l'abri des révolutions de Paris. Le souvenir amer qu'il en avait gardé fut fixé dans son esprit par les commentaires de Mazarin qui, découvrant les effets et les causes, lui démontra la nécessité de donner à la France un gouvernement fort. Louis, qui avait naturellement le goût de l'autorité, comprit la leçon et ne l'oublia jamais. S'il éleva, comme il fit, aussi haut la personne royale, c'est pour qu'elle ne risquât plus d'être menacée ni atteinte, ayant acquis assez de prestige et de force pour ôter à qui que ce fût jusqu'à l'idée d'entrer en rébellion contre elle.

Aussi le roi voulut-il, dès le premier moment où la mort l'eût délivré de la tutelle de Mazarin, manifester tout de suite qu'il entendait gouverner par lui-même, exprimer sa volonté sans intermédiaire et l'imposer au besoin. A peine le cardinal avait-il rendu l'âme que Louis faisait convoquer les ministres et leur défendait d'expédier rien sans avoir pris ses ordres. Comme le lendemain, l'archevêque de Rouen, président de l'Assemblée du clergé, lui demandait : « Votre Majesté m'avait ordonné de m'adresser à M, le Cardinal pour toutes les affaires ; le voici mort : à qui veut-Elle que je m'adresse ? — A moi, Monsieur l'Archevêque, » répondit ce roi de vingt-trois ans.

Ce désir bouleversait tellement la tradition et les idées d'alors qu'il prit à la Cour l'allure d'un petit coup d'État, On n'y voulut pas croire et Anne d'Autriche, quand on lui rapporta les paroles de son fils, éclata, paraît-il, d'un grand rire.

C'était compter sans la volonté du roi. Estimant que l'exercice du pouvoir absolu ne se pouvait concevoir sans un grand entendement des affaires, il se mit au travail. Chaque jour, pendant des heures, 11 conférait avec ses secrétaires d'État, lisait leurs rapports, les annotait, dressait des questionnaires auxquels les ministres devaient répondre avec concision et clarté, Doué d'une santé magnifique qui lui permettait de ne rien sacrifier des plaisirs de son âge à ce qu'il appelait lui-même son « métier de roi », Louis XIV commença cette ascension continue vers la grandeur avec cette application qu'a si bien définie Charles Maurras : « Une ardeur de volonté et de raison ».

Les Français comprirent tout de suite la pensée profonde du monarque ou plutôt c'était lui qui avait compris les besoins de la France. Elle lui ouvrit un crédit illimité, grâce auquel il put abolir les derniers vestiges des anciennes erreurs et nouer cette collaboration d'une nation et d'un prince comme il n'en existe pas d'autre exemple dans l'histoire,

On en sait les résultats : le « pré carré » presque achevé, le prestige de la France porté en Europe à un point qui ne devait plus être dépassé, une prospérité inouïe dans le royaume, une incomparable floraison des lettres et des arts, nos frontières inviolées pour un siècle, en un mot le siècle de Louis XIV.

Aussi bien le Grand Roi se passionnait-il pour sa tâche. Il ne se relâcha jamais de l'application qu'il avait mise à s'informer et à s'instruire. Pendant cinquante-quatre ans, il travailla tous les jours aux affaires de l'État, discutant, pesant, jugeant, décidant avec cet admirable bon sens qui émerveillait Sainte-Beuve, Rien d'important ne se fit à l'intérieur comme à l'extérieur du royaume qu'il n'eût pris part à la décision, Jamais, au temps même où il était le mieux servi par ses plus grands ministres, un Colbert, un Louvois, un Lionne, il ne consentit à leur laisser une entière liberté, c'est-à-dire à laisser renaître le « ministériat » dont les Français n'avaient plus voulu. Jusqu'à la fin il intervint de par sa volonté souveraine, comme il se l'était juré dès sa vingtième année.

On dit et l'on répète en toute circonstance qu'avant de mourir, il s'est accusé d'avoir trop aimé la guerre. Mais nous n'avons jamais obtenu de réponse quand nous avons demandé à ceux qui triomphent contre Louis XIV de ce scrupule : « Voulez-vous rendre Lille, Strasbourg et Besançon ? »

Maintenant profilons la suite. Louis XV, mieux Connu aujourd'hui, mieux jugé par ses nouveaux biographes (voir en particulier le livre de Pierre Gaxotte) Louis XV continue de son mieux, — c'était l'avis de Voltaire, — le siècle et la pensée de Louis XIV. Il ne pèche pas par défaut d'intelligence mais par défaut de caractère. Il voit juste et n'a pas assez de volonté pour imposer ses vues. Pourtant, il sévit contre les Parlements frondeurs. il refuse de convoquer les États-généraux ce qui serait, disait-il prophétiquement, la perte du royaume. Son mot ; « Après moi le déluge » est le type du mot mal compris. Louis XV ne voulait pas dire qu'il était indifférent à ce qui se passerait après lui. Il pressentait que, lui mort, les cataractes du ciel s'ouvriraient.

La prophétie s'accomplit par Louis XVI qui rendit la main à tout ce qui était contenu et réprimé depuis l'avènement de Louis XIV c'est-à-dire depuis un peu plus de cent ans. Il voulut être un roi réformateur. Il ne comprit pas que pour prendre la tête des réformes il fallait d'abord affirmer son autorité. S'il avait mieux connu son temps, il aurait vu que le XVIII° siècle, qui aimait les lumières, ne haïssait pas le despotisme. Il se fût inspiré de la popularité qu'avaient en France des souverains cent fois plus autoritaires que lui, son propre beau-frère Joseph, ou bien Frédéric de Prusse.

LA MODE DU DESPOTISME ECLAIRE

La notion de dictature au XVIII° siècle devait forcément subir des modifications importantes, causées non seulement par les idées nouvelles, mais, au moins autant, par les exemples vivants, qui sont d'un autre pouvoir.

Ce siècle si hardi en matière religieuse et en matière sociale respecta presque toujours, contrairement à ce que l'on croit, l'ordre établi en politique, tant qu'il s'agissait de principes généraux. Les critiques ne portaient guère que sur les détails, — détails, il est vrai, d'importance. Mais il ne faudrait point croire que l'on attaquât, par exemple, l'institution royale. Bien que les Encyclopédistes n'aient pas toujours dit tout ce qu'ils pensaient dans leur for intérieur, et qu'ils aient été tenus, sur plusieurs points, à quelque réservé, il y a de fortes raisons de penser qu'il se trouvait peu de républicains parmi eux.

Même pour Diderot, la chose est assez douteuse. Quant à Voltaire, il est trop certain qu'il préférait le pouvoir personnel. Il n'a pas été pour rien l'apologiste du siècle de Louis XIV et du siècle de Louis XV. Jean-Jacques Rousseau lui-même, l'auteur du Contrat Social, d'ailleurs en contradiction d'humeur et d'idées avec Voltaire, modérait beaucoup ses principes genevois lorsqu'il s'agissait non plus de légiférer dans l'absolu, mais de donner une consultation aux « peuples » qui lui demandaient une constitution : les Corses ou les Polonais. D'ailleurs, s'il était plein d'estime pour la forme républicaine du gouvernement, il pensait qu'elle ne peut guère convenir qu'aux petits pays, et la déconseillait formellement pour une grande nation comme la France. On trouve du reste, dans le Contrat Social même, une apologie de la dictature,

Au fond, les philosophes du XVIII° siècle étaient surtout pour le progrès, pour les « lumières » qu'il fallait imposer par voie d'autorité à la foule imbécile attachée aux vieux préjugés, à ceux de la religion en particulier, On admirait l'Angleterre mais sans beaucoup de sincérité. L'anglomanie a toujours existé en France, Un peu plus tard Franklin et la démocratie américaine excitèrent beaucoup d'enthousiasme à la façon du « tout nouveau tout beau » et parce que ces choses se passaient dans un pays jeune et lointain. De tête et de cœur, les réformateurs, dans leur ensemble, admiraient beaucoup plus les modèles que donnait alors l'Europe, ceux du « despotisme éclairé ».

Le dix-huitième siècle, en effet, a vu naître une forme toute particulière de monarchie, qui, de même que dans la personne de Louis XIV, peut sembler unir en un seul être les prestiges de la royauté et ceux de la dictature. Et même, pour les philosophes qui admirent les princes couronnés de l'Europe centrale ou orientale, il est trop certain que les prestiges de la dictature l'emportent sur ceux de la royauté.

Car peu importent pour eux la tradition » les bienfaits de la durée et de l'hérédité monarchiques. L'essentiel est dans la politique suivie par une personne, par une individualité forte, qui, soutenue par les lois de la raison, s'impose à tous. C'est ainsi qu'aux hasards de l'élection, les philosophes ont été amenés à préférer une autre sorte de hasard » un hasard de la naissance qui n'a pas beaucoup de rapports avec la monarchie véritable, et place de temps en temps sur le trône un ami des lumières et du progrès. C'est ce que Renan, plus tard, appellera le « bon tyran ».

Naturellement, la théorie comptait moins que les exemples, — et les exemples n'étaient peut-être pas toujours très bien compris. Car il semble bien que dans la collaboration indéniable des rois et des philosophes, les rois aient eu le dessus et se soient beaucoup plus habilement servis des philosophes que ceux-ci ne se sont servis des rois. Mais enfin, Frédéric II de Prusse, la grande Catherine de Russie, et Joseph II, successeur de Marie-Thérèse aux divers trônes de Bohême et de Hongrie et au titre toujours vénéré de l'ancien Saint Empire Germanique, furent pendant de longues années des sortes de figures votives de la dictature couronnée, auxquelles les philosophes adressaient leurs prières raisonnables et même rationalistes.

Il est assez difficile de savoir ce qu'était un despote éclairé, car jamais la théorie de cette forme toute particulière de gouvernement n'a été bien clairement établie. Avant tout, le despote éclairé, guidé comme il convient par les lois de la philosophie naturelle, devait s'opposer à l'Église. Sur ce point, les philosophes eurent toute satisfaction : Frédéric II était luthérien, Catherine II était impératrice d'un pays orthodoxe, où la religion jouait un rôle immense et profond, mais où il était aisé, à cause de l'ignorance du clergé, de lui interdire tout empiétement trop grave. Quant à la famille des Habsbourg-Lorraine, il est certain que Marie-Thérèse, qui pleurait sur le partage de la Pologne, en prenant quand même sa part, était beaucoup trop pieuse. Aussi lui préféra-t-on de beaucoup son fils, Joseph II, qui parut même pendant son règne, et principalement lors de ses démêlés avec la papauté, le modèle et l'incarnation du souverain anticlérical,

Ce point était le seul auquel tinssent véritablement les philosophes. Ils ne s'apercevaient peut-être pas que cet anticléricalisme ne faisait en réalité qu'accroître la puissance de leur despote. Qu'importait, pourvu que l'on pût expulser les Jésuites du Portugal et d'ailleurs, et enfin, grande victoire de la pensée libre, faire dissoudre leur ordre par le pape lui-même.

Cependant, les princes illuminés par la raison, donnaient d'autres satisfactions. Catherine faisait venir Diderot en Russie, et lui demandait des conseils pour l'instruction des moujiks. Ces conseils restaient d'ailleurs lettre morte, et la plupart des réformes sociales auxquelles s'attachèrent les despotes éclairés du XVIIIe siècle semblent bien avoir été surtout destinées à accroître leur réputation auprès d'amis assez peu exigeants et qui se chargeaient de la publicité.

Ce qui fait le véritable caractère d'une impératrice aristocrate comme Catherine de Russie, d'un roi absolu comme Frédéric, ce cynisme à peu près constant, cette admiration sans retenue d'une force intelligente, était sans doute assez bien compris de l'époque qui avait produit ces étonnants exemplaires d'humanité politique. Mais on en parlait peu. On ne cherchait pas à comprendre comment, à la suite de Rurik, d'Ivan et de Pierre, Catherine prenait place avant tout dans la lignée des assembleurs de la terre russe, et l'on ne pensait pas que son philosophisme n'était qu'une apparence, un trompe l'œil. On ne cherchait pas à comprendre que Frédéric II était beaucoup plus un fondateur d'Empire qu'un roi philosophe, et seuls peut-être le savaient en France le roi Louis XV et ses ministres qui, contre le gré de l'opinion, recherchaient l'alliance autrichienne et devinaient la redoutable ascension de la Prusse.

On flattait les princes étrangers proposés à l'admiration des foules d'avoir admirablement compris —— c'est le propre des dictatures — la valeur de certains actes et de certains mots de passe. De même qu'il faut parler aujourd'hui des mythes modernes et se servir du langage qu'emploient tous les partis, de même fallait-il alors parler de la raison, déclarer la guerre à la domination de l'Église, arracher le peuple à ses anciennes croyances. Il fallait aussi sacrifier à certaine idée abstraite de l'homme, dont la déclaration des droits américaine, avant la française, donnait une image inconnue. Lorsque Joseph II écrase les révoltes des Pays-Bas et prétend réduire son vaste Empire, fait de pièces et de morceaux, à une unité peut-être contre nature, il sacrifie à cette idole.

Mais en même temps, empereur, impératrice, roi, encensés par les publicistes français, renforcent leur pouvoir, accroissent, ou tout au moins pensent accroître, la solidité de son trône. C'est un fait qui doit nous porter à réfléchir. Tandis que les philosophes acclamaient les princes qui s'abonnaient à l'Encyclopédie, accueillaient à leur Cour Voltaire, d'Alembert ou Diderot, ces mêmes princes s'appuyaient à la fois sur la force, sur les idées à la mode, et ne dédaignaient pas pour cela le surcroît de pouvoir que leur apportait la tradition. Joseph II ne reniait pas le droit divin, et Catherine se faisait toujours obéir du Saint Synode où elle avait son représentant.

Loin d'être une forme plus libérale de pouvoir, le despotisme éclairé au XVIII° siècle semble donc avoir été une forme particulièrement intéressante de dictature : car elle mêle toutes les raisons anciennes que peuvent avoir certains hommes de dominer les autres, à quelques raisons nouvelles qui ne sont peut-être que des prétextes mais qui servent singulièrement les desseins complexes des despotes. On les voit, sacrés par leurs Églises, saluer les prêtres de l'esprit nouveau comme Constantin, pontifex maximus, pouvait saluer les évêques chrétiens, et quelques traits de démagogie apparente ne servent chez eux qu'à renforcer le pouvoir, et à donner toute sa valeur à la propagande.

Il n'en est pas moins vrai que l'idée du « despotisme éclairé » un moment obscurcie en France par la Révolution devait reprendre toute sa valeur avec Napoléon Bonaparte et contribuer dans une mesure considérable à l'établissement du Consulat et de l'Empire. Il est absolument impossible de négliger, dans la suite de l'histoire et pour comprendre notre siècle même, cette idée d'aristocrates intellectuels que le progrès ne peut venir de la foule crédule, routinière et imbécile, mais qu'il doit être imposé par des individus supérieurs.

ROBESPIERRE

Lorsque la Révolution française de 1789 éclata, personne ne se doutait qu'on allait à la République : il n'y avait pas dix républicains en France, a dit l'historien Aulard. Lorsque la République fut proclamée, personne ne se doutait qu'on allait à la dictature. Le peuple français savait encore moins qu'en acclamant la liberté, il désirait l'égalité, que l'égalité est le contraire de la liberté, que l'une doit être sacrifiée à l'autre et que, par conséquent, il faut un pouvoir fort pour briser les inégalités sociales. Sans en avoir conscience, la France aspirait à l'autorité.

La République « une et indivisible » avait fini par être proclamée, et les pouvoirs concentrés, beaucoup plus que dans la Convention, entre les mains de deux Comités, l'un, dont le rôle reste obscur et souterrain jusqu'au 9 thermidor qu'il provoqua, le Comité de Sûreté Générale ; l'autre, le Comité de Salut Public. Dans ce dernier, trois personnages sont « les hommes de la haute main » : un garçon de vingt-six ans, beau et vaniteux, orateur souvent éblouissant, Saint-Just, — un infirme qu'on traîne en petite voiture, cruel comme le fut Marat, et parfois aussi pénétrant que lui, Couthon, — et enfin Robespierre,

C'est à Robespierre qu'aboutit la Révolution, pendant quelques mois qui finissent par se compter en années. Les autres hommes, un Mirabeau, un Danton, n'ont fait que passer. Jamais ils n'ont eu entre les mains le pouvoir total. D'autre part, ils sont discrédités par leur vie privée, et surtout par leurs affaires d'argent que les contemporains ont parfaitement connues. Il est impossible, aujourd'hui, de croire à l'intégrité de Danton, et le scandale de la Compagnie des Indes, où sombrèrent ses hommes de paille et ses amis, est resté sur sa mémoire. Aucun scandale n'a jamais éclaboussé Robespierre. C'est pourquoi, les autres étant corrompus, on l'appelait l'Incorruptible.

Maximilien de Robespierre avait trente et un ans à la Révolution, étant né le 6 mai 1758 à Arras. Il y suivit les cours du collège, fut remarqué par l'évêque, termina ses études à Louis-le-Grand. En 1781, licencié, avocat, il revint à Arras, où il mena une existence rangée et paisible, composant des vers galants et plaidant de temps à autre. Aucune vie ne semble avoir été plus banale,

Bientôt membre de l'Académie d'Arras, Robespierre y apprit ce qu'on apprenait alors dans les académies de province : la révolution idéologique. En 1789, il est élu à la Constituante, et, comme tout le monde, il est royaliste.

Cependant, il est pénétré des doctrines de Rousseau, et, peu à peu, comprend l'importance des événements qui se produisent autour de lui. Il demande la destitution du Roi après la fuite à Varennes. Sous la Législative, il est devenu républicain. Sous la Convention, il sera montagnard, suivant ainsi d'un pas lent et sûr le progrès de la Révolution, sans jamais être en retard sur elle, mais sans jamais la précéder non plus. Le 16 avril 1790, il est devenu président du Club des Jacobins. Jusqu'à la fin, il restera le Jacobin modèle.

Ce qui rend si difficile de comprendre cet homme, c'est qu'il semble tout d'abord si peu humain. Pendant longtemps, il a gêné les apologistes les plus passionnés de la Révolution. Au moins Danton avec ses passions et ses vices était-il un vivant. Robespierre est incorruptible, assurément, mais de l'incorruptibilité du minerai, du diamant. Il semble échapper aux lois de la commune humanité.

C'est l'homme du club des Jacobins, Michelet l'a dit le premier. C'est l'incarnation d'une idée abstraite. Rien ne compte pour lui, hors l'idée de la Révolution à laquelle il s'est dévoué corps et âme, et pour laquelle, somme toute, il mourra. Pour elle il sera habile, mais il sera aussi maladroit ; il sera révolutionnaire, mais il saura aussi se faire conservateur ; il sera pur, mais il saura, avec mépris, céder aux compromissions nécessaires. Il est le prêtre d'une divinité inconnue, qui semble parfois ne s'être révélée qu'à lui.

On dit bien d'une divinité inconnue, car la conception de la Révolution que prétend servir Robespierre n'est pas toujours claire, étant très complexe. Comme les autres, Robespierre avait vanté le progrès, chanté la Raison, attaqué l'Église. Cependant, lorsque la campagne hébertiste se fut développée, lorsque les prêtres assermentés eux-mêmes ne furent plus exempts des persécutions infligées aux autres, Robespierre modéra le mouvement. Ce disciple de Rousseau, cet admirateur du Vicaire Savoyard, était assurément sincère : mais surtout, il comprenait combien une religion incorporée à l'État, garantissant ses lois et le comportement des individus, pouvait avoir d'intérêt. Le scandale de la Compagnie des Indes, qui éclata à ce moment et révéla l'étendue de la corruption parlementaire, lui permit d'abattre à la fois les Indulgents et les Enragés, Danton et Hébert, Immédiatement après, Robespierre prononça un discours sur les rapports des idées morales et des principes républicains. Sans plus tarder, la Convention reconnut l'existence « de l'Être Suprême », et l'on célébra une grande fête en l'honneur du Père de l'Univers. Ce fut l'apogée de Robespierre. Ici on touche du doigt la complexité de ses idées religieuses et politiques. Il ne faut pas oublier que cet homme qui fut le protagoniste de la Terreur était soutenu néanmoins par la droite de l'Assemblée, et même, quoique secrètement, par les catholiques. Car on pressentait que Robespierre était destiné à rétablir l'ordre dans la société.

S'il avait survécu, le Concordat aurait été signé par lui et non par Bonaparte.

Il en fut de même pour le reste. Un fort courant communiste était représenté à l'Assemblée par Jacques Roux : après la disparition de Jacques Roux, craignant d'être dépassés par la surenchère, Hébert et Chaumette reprirent son programme et attaquèrent violemment la Convention qu'ils accusaient de réduire le peuple à la famine et de protéger les agioteurs. Au Comité de Salut Public, deux hébertistes, Collot d'Herbois et Billaud-Varennes, représentèrent bientôt les doctrines extrémistes. Banqueroute partielle, taxation des blés, loi sur l'accaparement, loi sur le maximum, levée en masse, réquisition des travailleurs, furent les principales mesures qui constituèrent l'essentiel de la Révolution sociale et économique.

Toutes ces mesures, promulguées sous l'inspiration des Enragés, Robespierre les accepta, les fit siennes, bien qu'il semble que ce ne fût parfois qu'à contre-cœur. S'il avait échappé à la chute, qu'eût-il fait ? C'est un des jeux de cette science d'hypothèses historiques qu'on a nommée l'uchronie. Il est permis de penser que, conservant l'essentiel d'Hébert et de Roux, Robespierre aurait sans doute admis des accommodements, une politique moins intransigeante, de même que Lénine, après la période de communisme intégral, instaura la N. E. P.

Il eut contre lui son incorruptibilité et sa maladresse et aussi la lassitude générale. Il semblait avoir à cœur de justifier les hyperboles de la propagande qui le représentaient comme un tigre altéré de sang. La grande Terreur, qui envoyait chaque jour à la guillotine des fournées d'innocents, soulevait de dégoût le peuple de Paris. Robespierre n'y comprenait rien, et, sincèrement, pensait qu'il arrêterait la Terreur lorsque la Révolution serait nettoyée de ses éléments impurs.

Le 26 juillet 1794, il prononça à la Convention un discours qui fit un effet considérable, Il y parlait d'épurer le Comité de Sûreté Générale, le Comité de Salut Public, l'Assemblée. Il demandait la création d'un nouveau système de finances, attaquait Billaud-Varennes et les mesures communistes. Tous ceux qu'il menaçait furent terrifiés. Sourdement ils répandirent le bruit qu'il voulait le pouvoir absolu. Comme à la fête de l'Être suprême, il avait marché devant la Convention, on l'accusa de ressusciter l'ordre des cortèges royaux.

Le Comité de Sûreté Générale, compromis depuis l'affaire de la Compagnie des Indes, mena la lutte. Fouché et Tallien négocièrent avec la Plaine. Le 27 juillet, 9 thermidor suivant le calendrier révolutionnaire, Robespierre tombait sous l'accusation de dictature, et il était guillotiné le lendemain.

Avec lui se terminait le premier essai de dictature révolutionnaire qu'ait connu la France. A l'étranger, on ne s'y était pas trompé : on disait la flotte de Robespierre, les armées de Robespierre. Il apparaissait comme l'incarnation révolutionnaire de son pays, le chef né de l'émeute.

Il l'était bien en effet. Mais son cas est significatif parce qu'il nous montre un homme parfaitement identifié avec la Révolution, et cependant obligé, par l'insurmontable nature des choses, de composer avec la réalité, ce qui lui fait une figure assez singulière de théoricien abstrait et parfois d'homme d'État. Sans Robespierre, Napoléon Bonaparte n'eût peut-être pas été possible.

NAPOLEON BONAPARTE

Après la chute de Robespierre, la tâche la plus urgente, pour ceux qui l'avaient renversé, était de juguler à la fois la République et la Dictature. Il n'était pas question de revenir à l'inapplicable Constitution de 1793, qui n'entra jamais en exécution et resta l'éternel et vain regret des véritables républicains. On sentait trop le besoin d'un ordre, d'un gouvernement fort et, avant toute chose, capable d'arrêter la banqueroute. Mais, d'autre part, il fallait empêcher le retour d'une dictature sanglante comme celle de Robespierre. On songea quelque temps à un triumvirat : pour ces hommes nourris d'histoire latine, le mot avait sa séduction. Qui ne savait pourtant qu'un César ou un Octave finissent toujours par se dégager du triumvirat ? Et les « hommes de haute main » du Comité de Salut Public, Couthon, Saint-Just et Robespierre, n'avaient-ils pas justement constitué ce fallacieux gouvernement à trois, qui, pratiquement, se résolvait si vite en une sorte de monarchie ? On repoussa le triumvirat et on établit un Directoire de cinq gouvernants.

C'était déjà singulièrement restreindre la République pure. Mais qui s'intéressait encore à la République pure ? Un Sieyès, qui avait jadis revendiqué, pour le Tiers-État qui n'était rien, d'être au moins quelque chose, se méfie lui-même de cette entité, et, pratiquement, conspire à la renverser. Il est le premier des conjurés de Brumaire. Le problème est le suivant : il faut choisir entre la République et la Révolution. Tous les hommes qui sont engagés dans la Révolution, principalement les régicides, feront d'un cœur léger le sacrifice de la République. Il ne faudra pas beaucoup de temps pour que cette République et ce Directoire, minés d'ailleurs par la guerre extérieure, la guerre civile, la banqueroute, les scandales, soient encore privés de toute vertu démocratique. Le triumvirat repoussé va renaître : on sait comment, on sait par qui. C'est la date fatidique, qui apparut si longtemps aux bons républicains, à Michelet, à Hugo, comme le jour où le grand crime a été définitivement consommé : le 18 Brumaire.

Le 18 Brumaire mettait enfin au premier plan le plus célèbre dictateur des temps modernes, l'homme dont la légende enflamme encore tant de têtes solides, et qui, plus qu'un Périclès ou un César, sert de modèle exaltant aux chefs d'aujourd'hui, à un Mussolini en particulier : Napoléon Bonaparte.

Pour personne mieux que pour lui, on ne peut se livrer au jeu des hypothèses. Que se serait-il passé si ?... Que se serait-il passé si, malgré une opinion peu enthousiaste, Louis XV n'avait annexé la Corse à la France, en 1768, c'est-à-dire tout juste un an avant la naissance, dans une famille assez noble mais pauvre, d'un quatrième enfant, qui sera le fondateur d'une dynastie ? Que se serait-il passé si Charles Bonaparte n'était pas mort trois ans avant la Révolution ? Il serait devenu député de la noblesse, peut-être libéral, probablement guillotiné ou émigré, et son fils, gêné par les opinions et les exemples paternels, n'aurait pas eu à l'égard des événements nouveaux, toute cette liberté dont il jouira. La dictature a besoin, presque toujours, de la collaboration du hasard. Le hasard a toujours marché avec Bonaparte.

A-t-il des opinions, des théories ? Oui, sans doute, lorsqu'il est jeune. Elles l'abandonnent peu à peu, ou il les abandonne, avec l'expérience. Seulement, il observe, il se souvient, il est prêt à tout, A ses débuts, élève de l'Ecole Brienne, boursier du Roi, officier à seize ans, il se sent Corse d'abord. Par bonheur pour lui, sa patrie le repousse, il se retourne vers la France, mais sans amour, prêt à servir aussi bien le Grand Turc (et il songe réellement, par deux fois, à aller réorganiser l'armée du Sultan). Dans sa chambre de lieutenant, il dévore des livres, Rousseau, dont le Contrat social le grise, l'abbé Raynal, les livres techniques du comte de Guibert sur l'artillerie, et aussi les Encyclopédistes, et encore Corneille ou les Latins. On a de lui un petit roman à la mode de l'Héloïse, des discours emphatiques où il oppose aux jouisseurs les jeunes « ambitieux au teint pâle » qui bouleversent le monde. L'ambitieux au teint pâle, c'est lui. Mais il ne faut pas oublier cette passion de lecture et d'écriture : beaucoup de grands hommes, Balzac l'avait admirablement vu, sont d'abord des hommes de lettres. Bonaparte en avait tous les dons, et, par la suite, composant sa vie, l'organisant en légende, il en fera un roman prodigieux, propre à exalter les imaginations.

Une suite d'occasions, saisies sans hâte et d'un instinct presque toujours sûr permettront vite au pâle ambitieux de saisir la Fortune. Tout d'abord, il se trouve associé à la tâche difficile de s'emparer de Toulon insurgé, qui avait fait appel aux Anglais. Le jeune capitaine Bonaparte en connaît le point faible et contribue puissamment à prendre la ville. On le nomme général de brigade, et, en 1794, il reçoit le commandement de l'artillerie à l'armée d'Italie. Il se lie avec Robespierre le jeune, devient jacobin, et malheureusement peu avant le 9 Thermidor. On l'arrête, , on le relâche, on lui offre en Vendée un commandement qu'il refuse. Bientôt la chance suprême se présente : le 12 Vendémiaire, l'Assemblée désigne Barras pour la défendre contre l'insurrection royaliste de Paris. Barras demande qu'on lui adjoigne le général Bonaparte. Le 13 Vendémiaire, Bonaparte écrase l'émeute contre-révolutionnaire sur les marches de l'église Saint-Roch.

Il a vingt-sept ans. Il vient d'épouser une créole, un peu galante, un peu usée par la vie, probablement maîtresse de Barras, et plus âgée que lui de six ans : Joséphine de Beauharnais. On lui donne le commandement en chef de l'armée d'Italie. Il part : c'est la campagne de 1796, campagne éblouissante de jeunesse et de joie, dont Stendhal vantera plus tard l'éternelle « alacrité ». Il fait la paix, sans s'occuper du Directoire, et sa paix est aussi neuve, aussi originale que sa guerre. I revient à Paris, couvert de gloire. Il est l'homme qui assure la paix victorieuse, qui satisfait à la fois le désir de garder les conquêtes et la fatigue de la guerre. Cependant, l'Orient l'appelle, l'Orient auquel il est toujours resté sensible, car il demeure littérateur, et politique aussi ; il veut atteindre la grande ennemie, l'Angleterre, par Suez, l'Egypte, l'Inde. Il part pour l'Egypte, y joue au sultan, pousse jusqu'en Judée, où il se laisse émouvoir de souvenirs chrétiens, crée en passant l'Egypte moderne, se désespère des rapports qui lui parviennent sur l'inconduite de Joséphine, apprend le mépris des hommes et des femmes, confie que Rousseau le dégoûte, et que l'homme primitif, l'Orient le lui a appris, n'est pas né bon. Puis il repart, déguisant son demi-échec d'Egypte en retraite honorable. En octobre 1799, il rentre en France, où à sa grande surprise, on l'acclame. Il ne savait pas que tout était perdu et qu'il était le dernier recours.

Le 18 Brumaire

Guerre à l'extérieur, émeutes et troubles à l'intérieur. L'un des récents Directeurs, un ancien prêtre régicide, Sieyès, a compris, à lui seul, qu'il fallait changer tout si l'on voulait sauver l'essentiel de la Révolution. Il a avec lui non pas, comme on le croit, des adversaires de la République, mais aussi bien de ses partisans. Sans doute, à transformer la Constitution, à chasser les députés, à faire appel à ce général qui revient d'Egypte et qui est l'ami de Barras, court-on le risque d'une dictature militaire. Mais il vaut mieux la dictature militaire que le retour des Bourbons — pour les régicides en particulier.

Le coup d'État fut préparé par Sieyès, et appuyé par tout le parti intellectuel. Cabanis était à côté de Bonaparte et, à la veille de Brumaire, le général victorieux allait à Auteuil rendre visite à Mme Helvétius, la veuve de l'illustre philosophe. Las de la République, mais non de la Révolution, Sieyès et ses amis revenaient à Voltaire, aux Encyclopédistes, et ne comptaient plus, pour faire obstacle à la restauration de la monarchie traditionnelle, que sur un nouveau despotisme éclairé.

Tout, néanmoins, faillit être perdu, par la faute de Bonaparte. Ici encore la philosophie de l'accident aurait beau jeu, et il est curieux de voir comment cet homme de génie n'a rien fait, n'a rien su faire, au jour décisif, et que la partie a été jouée par d'autres.

Le 18 Brumaire, — 9 novembre 1799 — on convoque, sous prétexte d'un complot imaginaire, le Conseil des Anciens, qui vote aussitôt le transfert dû Corps législatif à Saint-Cloud et attribue à Bonaparte le commandement des troupes de la garnison de Paris. Cette première partie de l'opération marche à peu près sans encombre.

Le 19, — il était maladroit au possible de prévoir un coup d'État en deux journées — les Conseils avaient eu le temps de réfléchir. Les partisans de Sieyès, modérés pour la plupart, étaient déroutés par les manœuvres de leurs adversaires. Les intellectuels hésitaient devant le pouvoir : selon le mot admirable de l'historien Albert Vandal, « l'Institut était en train de manquer son coup d'État ».

Les militaires faillirent manquer le leur encore plus. Bonaparte se montra d'abord aux Anciens, où l'on venait d'annoncer la démission du Directoire, afin de réclamer une nouvelle constitution. Il parla assez mal. Aux Cinq-Cents, ce fut pire : on l'accueillit aux cris de « A bas le dictateur ! A bas le tyran ! Hors la loi ! » Il se tira avec peine de la bagarre, monta à cheval pour haranguer des troupes hésitantes, à peine remis d'une sorte d'évanouissement, le visage ensanglanté par des écorchures qu'il s'était faites dans son énervement. Il criait qu'on avait voulu l'assassiner.

Tout fut sauvé par son frère, Lucien Bonaparte, président des Cinq-Cents. Celui-ci prévint les conjurés, se fit enlever de la tribune par dix hommes, et, au dehors, devant les troupes, accusa les Cinq-Cents de n'être que « les représentants du poignard » en révolte contre la loi. Son éloquence eut raison des dernières hésitations, les grenadiers s'élancèrent et chassèrent les députés de la salle des séances.

Avant de quitter Saint-Cloud, on rattrapa dans les bois trente ou quarante législateurs en fuite, on les parqua, et, aux chandelles, on leur fit voter l'institution de trois consuls. Le 18 Brumaire avait réussi.

Le lendemain, la Constitution nouvelle ne s'afficha pas d'une manière tapageuse. Elle était l'œuvre de Sieyès, établissait des listes de notabilités, abolissait pratiquement la souveraineté du peuple, lès libertés publiques et parlementaires. En haut de sa pyramide, Sieyès plaçait un Grand Électeur chargé de désigner deux consuls, l'un de la paix, l'autre de la guerre. Bonaparte refusa le poste de Grand Électeur, et l'on revint à l'idée des trois consuls, dont l'un aurait la préséance. Ce fut naturellement le jeune général. Le second consul fut un régicide modéré, Cambacérès ; le troisième un secrétaire de Maupéou, un représentant de cette « révolution » tentée sous Louis XV contre le Parlement, Lebrun. C'était un choix significatif que cette union dans le gouvernement de principes si divers. Quant à la foule, elle était fatiguée, depuis dix ans, de voter sur tout. Et les intellectuels étaient las des caprices de la foule. Après tant d'années de République, on revenait donc bien à la Révolution modérée et au despotisme éclairé du XVIII° siècle.

C'est avec le Consulat que Napoléon Bonaparte obtient ce pouvoir suprême que nous nommons dictature. Il commença par ranimer la confiance, faire rentrer l'argent, rétablir sous le nom de droits réunis d'anciens impôts, créer la Banque de France. Il réorganisa l'administration en établissant les préfets, non élus, représentants directs du pouvoir. Ce furent les institutions de l'an VIII, cadre de la France moderne, qui dure encore. La Révolution était conservée dans ses principes, des garanties accordées aux acquéreurs de biens nationaux. Enfin, Bonaparte tentait de mettre au point sa grande idée de la « fusion », appelait au pouvoir des hommes nouveaux, mais aussi des hommes d'ancien régime. Bientôt, il s'installera aux Tuileries, et il fera rentrer les émigrés.

Au dehors, il semble remplir sa mission : la paix avec les conquêtes. En 1800, c'est Marengo, en 1802, il signe la paix d'Amiens, il renoue avec la papauté et établit le Concordat. Déjà, il avait rompu avec la politique anticléricale de la Révolution. Mais c'est revenir à la protection de la religion traditionnelle (par ailleurs, il s'occupe des protestants, donne un statut aux Juifs). Seulement, il le fait en maître, qui accorde ce qu'il lui plaît. On chante le Te Deum à

Notre-Dame, Bonaparte se fait donner le consulat à vie. Encore un peu, et il voudra affermir son pouvoir.

Auparavant, il faut un crime : c'est l'assassinat du duc d'Enghien, dont il a toujours pris l'entière responsabilité et dont il a dit que c'avait été « un sacrifice nécessaire à sa sécurité et à sa grandeur ». Une fois Enghien fusillé, il avait donné le gage suprême à la Révolution, il s'était mis du côté des régicides. Un homme du Tribunal, un certain Curée, au lendemain du meurtre, s'écria : « Bonaparte s'est fait de la Convention. » Le mot est profond. C'est le même Curée qui proposa le rétablissement de la Monarchie, sous le nom prestigieux d'Empire, dans la personne de Napoléon Bonaparte. Sans le fossé de Vincennes, l'Empire était impossible, et les républicains ne l'auraient pas accepté, de même qu'ils n'auraient pas accepté le Concordat. Il faut toujours se souvenir de cette politique de compensation.

Voici l'apogée de Napoléon : le sacre, le Pape venant de Rome pour donner au petit Corse usurpateur l'huile sainte et la couronne de Charlemagne.

Et pourtant, on peut déjà deviner les fissures de l'édifice. La guerre continue : Austerlitz, soit, mais Trafalgar, où la marine française est perdue. A Tilsitt, la paix est signée avec la Russie : on est en 1807, il n'y a pas de plus beaux jours pour le jeune Empire. Cependant, la situation est grave en Espagne, où Napoléon a établi un de ses frères. La Prusse se révolte. Désormais, la roue de la Fortune semble tourner à une vitesse accrue : Joséphine répudiée, le Corse, à la recherche de garanties, devient le gendre des Césars, épouse Marie-Louise, filleule de Marie-Antoinette et de Louis XVI, fille de l'empereur d'Autriche. En 1811, il lui naît un fils, qui, demain, sera maître de cet État énorme de cent trente départements, du Tibre à l'Elbe, avec le royaume d'Italie, la Confédération helvétique, les États vassaux. Mais l'alliance russe est rompue : Bonaparte part pour cette désastreuse campagne de Russie. A Paris, on annonce sa mort, on proclame la République : personne ne pense, pendant les quelques heures de la conspiration du général Malet, qu'il existe un Napoléon II. Bonaparte n'a pas fondé de dynastie. C'est le signe le plus grave.

Ensuite, c'est la débâcle, la campagne de France, chef-d'œuvre inutile, l'insurrection des maréchaux, l'abdication du 7 avril 1814. L'histoire est finie, l'Empereur disparu, il ne reste plus qu'un roitelet relégué dans une île méditerranéenne. Louis XVIII rentre à Paris.

On sait comment, un beau jour de printemps, l'oublié ressuscita, s'échappa de l'île d'Elbe où il s'amusait à tout réorganiser, débarqua au golfe Juan, gagna Paris. Alors, il retrouva la Révolution, appela à lui l'ouvrier, le paysan, parla des oppresseurs, et marcha au cri de : « À bas les prêtres ! À bas les nobles ! » L'aventure, devant l'Europe coalisée, devait durer cent jours, et finir à Waterloo, malgré les avances aux républicains, malgré un Acte additionnel aux constitutions de l'Empire qui n'est qu'une charte à demi libérale.

Il abdique, il se livre à l'Angleterre, comme Thémistocle au roi des Perses, par une de ce idées à la fois frappantes et livresques qui fon de lui le poète de sa destinée. On l'envoie Sainte-Hélène, où il achève sa prodigieuse et consciente épopée par le martyre et par la composition de sa légende. « Il n'y a que mon martyre, disait-il, qui puisse rendre la couronne à ma dynastie. » Il mourut, par une nuit de tempête, le 5 mai 1821.

Il laissait le souvenir le plus extraordinaire dont les hommes aient jamais pu s'éblouir. Les poètes, les chansonniers travailleront à sa légende, pour finir par l'incarner, quelques années plus tard, dans un autre Napoléon, troisième du nom. L'échec de cet autre Bonaparte n'empêchera pas la figure du premier de rester toujours aussi fascinante. Devenu professeur d'énergie, Napoléon est désormais un mythe, que chacun interprète comme il lui convient.

C'est l'exemple le plus extraordinaire du dictateur. Il a dit lui-même, avec son intelligence hors ligne, que son pouvoir était « tout d'imagination ». En effet, il faut que les dictateurs sachent parler aux imaginations pour réussir.

Selon les uns, Napoléon est un génie organisateur. Pour les autres (et jusque dans les proclamations officielles de ses descendants), il est la République personnifiée. Il tenait au pouvoir, à coup sûr, et déclarait l'aimer « en artiste », comme un musicien son violon. Mais il est trop certain qu'il a cherché à sauver ce que la Révolution avait produit de plus caractéristique, et que, sauf à ménager l'ordre apparent, il en i conservé les résultats les plus nets.

Il est une des images les plus parfaites de la dictature, parce que la dictature, presque toujours appuyée sur les revendications sociales, et conserve certains éléments, mais les inscrit dans une forme rigoureuse et sévère ; parce que la dictature, une fois les premiers moments passés, a presque toujours comme idée essentielle la « fusion » du passé et du présent, sous condition d'une soumission parfaite.

Enfin, il est l'image de la dictature, parce qu'il en a senti lui-même les limites. Il répétait constamment que sa dynastie n'était pas assez ancienne, et que, contre cela, il ne pouvait rien. La conspiration du général Malet lui avait appris, un peu tard, que son fils ne régnerait jamais. A toute force, il essayait d'affermir son pouvoir, de l'étendre dans la durée, au-delà de la mort, — cette mort qui est le terme fatal des dictatures. Il faillit y arriver, par le moyen le plus original et le moins réductible en formules : celui de la poésie. Il s'empara de l'empire des âmes. C'était sa suprême carte, et, puisqu'en 1831 le Roi de Rome, duc de Reichstadt mourra obscurément en Autriche, cette carte sera ramassée par son neveu, le fils d'Hortense de Beauharnais et de Louis de Hollande. La partie sera perdue quand même, en 1870, mais Napoléon Bonaparte aura fait tout ce qu'il est possible à un dictateur de faire pour assurer l'avenir de son pouvoir, et même, sans doute, au-delà des forces humaines.

Il reste et, sans doute, il restera le plus prestigieux des hommes qui sont sortis de la foule et qui se sont élevés au-dessus d'elle pour la conduire. Et pourtant, quant au résultat final, ne disait-il pas lui-même, avec son réalisme implacable, qu'il eût mieux valu qu'il ne fût pas né ?

NAPOLÉON III

C'est peut-être grâce à la poésie du mythe napoléonien que la France du XIX° siècle, qui avait inauguré son histoire par la plus célèbre dictature de tous les temps, devait la renouveler sous le nom d'Empire, Les Bourbons avaient ramené la paix et restauré les finances. Contre une opinion nationale exagérément sensible, et qui, tout à coup, pour l'Espagne, pour la Belgique ou pour l'Egypte, poussait par la voix de Thiers à la guerre contre l'Angleterre, Louis-Philippe avait maintenu la tranquillité de son pays et de l'Europe, Mais cela ne suffisait pas aux survivants des grandes convulsions, et moins encore à leurs fils. Lamartine résuma tout en un mot assez criminel : « La France s'ennuie, » Il est vrai que la prospérité est ennuyeuse j les occasions de se distraire et d'embellir la vie n'allaient pas manquer.

Grâce au papier imprimé né dans l'île de Sainte-Hélène, grâce aux chansons, aux romans, aux légendes, aux poèmes, à Hugo, à Béranger, la légende napoléonienne était prête. Un frêle archiduc autrichien — le Fils de l'Homme — était mort à vingt ans. Qui allait porter les espoirs des bonapartistes ?

D'après les règles établies par Napoléon lui-même, c'était au fils aîné de Louis et d'Hortense que devait aller la couronne. Avec son frère, le jeune Napoléon s'enthousiasmait pour les idées nouvelles, tentait peut-être de chercher un trône en Italie. Tous deux devenaient carbonari, conspiraient contre le pape. En 1831, l'insurrection des Romagnes faillit réussir, mais l'aîné fut tué d'une balle au cœur dans les Apennins, Son frère Louis devenait l'héritier de l'Empire.

Ce n'était qu'un jeune homme doux et rêveur, admirateur éperdu du fondateur de la dynastie, et peut-être assez peu apte à recueillir l'héritage. Heureusement, il y avait sa mère. Le cardinal Consalvi avait dit un jour au pape :

— Dans la famille de Napoléon, il n'y avait qu'un homme. Il est en cage, Il ne reste plus rien,

— Il reste la reine Hortense, avait répondu Pie VII.

C'est cette femme aimable, frivole, plus créole encore, semblait-il, que Joséphine, sa mère, mais si intelligente, qui devait refaire l'Empire. Son fils avait écrit (on a toujours écrit beaucoup dans cette famille) un Manuel d'artillerie, des Rêveries poétiques, des Considérations sur la Suisse, Il restait en relations avec les chefs bonapartistes et les républicains, unis dans la haine des Bourbons et des Orléans. Un jour, il s'imagina que l'heure était venue : il avait gagné un colonel de Strasbourg, crut la garnison à lui, se présenta dans la ville, et fut presque aussitôt arrêté, Hortense fit intervenir ses amis, Mme Récamier en particulier, et on gracia le prétendant, d'une manière adroite et un peu humiliante.

Il s'embarqua pour l'Amérique, et en revint pour voir mourir sa mère, à laquelle il devait tant. Le testament politique d'Hortense est un chef-d'œuvre de sens pratique et d'audace : « Le rôle des Bonaparte, disait-elle, est de se poser en amis de tout le monde. Ils sont des médiateurs… Ne nous fatiguons jamais d'affirmer que l'Empereur était infaillible et qu'il y avait un motif national à tous ses actes.,. On finit par croire ce qu'on dit à satiété… En France, on a facile'ment le dessus dans les discussions quand on invoque l'histoire. Personne ne l'étudié et tout le monde y croit. Je vous l'ai dit : surveillez l'horizon. Il n'est comédie ou drame qui, se déroulant sous vos yeux, ne puisse vous fournir quelque motif d'intervenir comme un dieu de théâtre, » Et pour finir ; « Le monde peut bien être deux fois pris au même lacet. »

C'est ce qui arriva, Exilé en Angleterre après la mort d'Hortense, Louis-Napoléon publia d'abord en 1839 ses Idées napoléoniennes, où il parle du fondateur de sa dynastie comme d'un dieu, Il y résumait l'essentiel de ses idées : la paix en Europe par la délimitation des groupes ethniques, la conciliation de la liberté et de l'autorité, la distribution des terres incultes, l'accès de la classe ouvrière à la propriété, le libre échange, C'était le moment où le prince de Joinville ramenait en France les cendres de Napoléon, L'occasion, cette fois, était-elle bonne ? Il débarqua à Boulogne, un aigle déplumé sur l'épaule, et fut arrêté plus vite encore qu'à Strasbourg, Il allait sombrer sous le ridicule : une condamnation sévère l'en sauva.

Dans le fort de Ham où on l'enferma, le prétendant bonapartiste travailla. Il écrivit sur l'extinction du paupérisme, sur le canal de Nicaragua, sur l'électricité, sur le sucre de betterave, sur l'artillerie, déridant six ans, il eut le temps de monter maints projets. En 1846, il apprit que son père se mourait, et prépara son évasion, qui réussit d'une manière assez simple : il sortit dû fort de Ham sous la blouse que lui avait prêtée un ouvrier maçon du nom de Badinguet. Le sobriquet en resta au neveu du grand Empereur.

Les événements allaient lui ouvrir l'accès du pouvoir, En 1848, c'est la chute de la monarchie, la République, Louis-Napoléon est candidat à la présidence. Il l'emporte par cinq millions et demi de voix sur sept millions de votants.

Il lui restait à rétablir l'Empire. Il ne s'y décida qu'au bout de trois ans, assez satisfait, au fond, de son ascension rapide, scrupuleux aussi sur le serment qu'il avait fait de respecter la Constitution, Pourtant, l'Assemblée se méfie de lui, refuse d'augmenter sa liste civile et d'amender les textes pour permettre sa réélection. C'est alors qu'il songe à un coup de force contre les. députés dont la majorité était d'ailleurs monarchiste mais n'avait pu s'entendre pour ramener la monarchie, étant divisée en légitimistes et orléanistes.

Le coup d'État du 2 décembre 1851 est demeuré un modèle de coup d'État fait « à l'intérieur » du pouvoir. Les hommes qui l'ont accompli sont Persigny et Surtout Morny, qui était, dit-on, le fils adultérin du général de Flahaut et de la reine Hortense, par conséquent le propre demi-frère du futur Empereur.

Tout fut préparé pour donner le change, La veille du coup d'État, anniversaire d'Austerlitz, le prince-président donnait une soirée à l'Elysée, Ni Morny, ni Persigny n'y parurent. Ils n'arrivèrent que sur le tard, lorsque les derniers visiteurs furent partis, Le prince distribua les rôles, chargea Morny de l'Intérieur, donna à Persigny mission d'occuper le Palais-Bourbon, au général de Saint-Arnaud d'organiser l'état de siège, à M, de Maupas d'arrêter quelques personnalités gênantes : Cavaignac et Thiers entre autres.

Le lendemain matin, Louis-Napoléon sortit à cheval, accompagné de Saint-Arnaud et du vieux roi Jérôme, le frère de Napoléon, avec lequel il venait de se réconcilier. Il traversa Paris revint à la présidence, acclamé à peu près partout, On lui annonça qu'on avait enfermé à la caserne d'Orsay deux cent vingt députés, La résistance légale avait été nulle, Le lendemain, les députés de la gaucho tentèrent d'organiser des barricades. La répression fut assez dure ; et « l'opération de police un peu rude, dont on a parlé plus tard menaça un instant de mal tourner, Certains départements se rebellèrent.

Saint-Arnaud, Persigny et Morny donnèrent alors dès ordres sévères ; on mit en état de siège trente-deux départements, on, arrêta cent mille.

Le 20 décembre, le suffrage universel, par sept millions et demi de voix contre six cent mille, approuvait Louis-Napoléon Bonaparte et lui confiait la présidence pour dix ans. La dictature était ratifiée.

Un an après, après une campagne de discours assez habile, et l'affirmation répétée que « l'Empire, c'est la paix », le président relevait le titre d'Empereur. La République, encore une fois, avait disparu.

Pendant les dix-huit ans de son règne, Napoléon III s'efforça à la fois de réaliser ses propres idées, humanitaires et sociales, et de maintenir sa dynastie. A l'extérieur, il soutint le fameux principe des nationalités, aida à la constitution du royaume d'Italie, intrigua maladroitement en Allemagne et pratiqua avec Bismarck, qui se jouait de la naïveté, la vaine « politique de pourboires » qui devait le laisser isolé à la fin de son règne. Il engagea enfin ses troupes dans la désastreuse aventure du Mexique, où il pensait établir un Empire en faveur de Maximilien d'Autriche, A son bénéfice, il faut noter qu'il réunit à la France, en 1860, la Savoie et le comté de Nice.

A l'intérieur, l'Empire fit une besogne mêlée. L'administration, habilement réorganisée suivant les principes napoléoniens, donna en général satisfaction, L'Exposition de 1867 sembla marquer l'apogée du nouveau régime, accepté par l'ensemble du pays. L'opposition des républicains et des exilés, dont le plus notable était Victor Hugo, n'y pouvait rien,

Les épigrammes de Rochefort célèbres à Paris n'avaient presque pas d'écho en province, L'Empire restait solide, mais le dictateur couronné doutait de lui-même et de son règne. Il s'abandonnait à la fatalité et la maladie l'affaiblissait. Un mot de lui, une boutade, en dit long sur son état d'esprit :

— Comment voulez-vous que les affaires marchent ? L'impératrice est légitimiste, je suis républicain, il n'y a que Persigny qui soit bonapartiste.

Lorsqu'il se fut décidé à adoucir un régime assez absolutiste, sans liberté de la presse, et sans régime parlementaire véritable, on crut que l'Empire libéral, succédant à l'Empire autoritaire, allait lui donner la durée,

Le plébiscite de 1870 prouva encore à Napoléon que le pays était avec lui. Trois mois plus tard, par les manœuvres de Bismarck, la guerre éclatait. La France, mal armée, mal préparée, sans alliés, s'y lança témérairement, À Sedan, la deuxième dictature napoléonienne s'achevait par un désastre qui pour longtemps devait discréditer en France le pouvoir personnel,

Toutefois, pour les dictateurs futurs, Napoléon III : avait laissé un exemple et une expérience ; il avait fait confiance au suffrage universel contre les parlementaires et le Suffrage universel lui avait donné raison. Plébiscite est même resté synonyme de dictature, En 1889, le général Boulanger, à son tour, faillit réussir par le bulletin de vote, mais il négligea de s'emparer du pouvoir lorsque la foule parisienne était pour lui. Son entreprise échoua. Si bien que, pour la France, et du moins jusqu'à ce jour, on peut dire que, si les révolutions se font dans la rue, les coups d'État ne sont que du modèle 18 Brumaire ou 2 décembre, c'est-à-dire organisés à l'intérieur par des hommes qui sont déjà au gouvernement.

C'est presque un axiome. On pourra utilement s'en souvenir.

Chapitre 4

HISTOIRE ABRÉGÉE MAIS FANTASTIQUE DES DICTATURES DE L'AMÉRIQUE LATINE

L'Amérique latine a toujours été le pays rêvé de la dictature, ou de ce qu'un écrivain vénézuélien a nommé le césarisme démocratique. Si l'on pouvait remonter assez loin dans le cours des temps, et si l'histoire précolombienne était débarrassée des hypothèses souvent fragiles qui l'encombrent, on se rendrait sans doute aisément compte que, dès avant l'arrivée des Espagnols et des Portugais, les grands Empires établis par leurs prédécesseurs étaient fondés sur le gouvernement d'un seul, et pourtant presque toujours hostiles à l'hérédité monarchique, contrairement à ce qu'ont cru les premiers écrivains qui ont traité de cette histoire.

Nous n'avons pas l'intention de remonter à ces époques où la fable se mêle à la réalité. Comme tous les peuples, ceux de l'Amérique du Sud et de l'Amérique Centrale ont eu leurs héros éponymes, personnalités à demi légendaires, qui ont vraisemblablement exercé ce que nous nommons aujourd'hui dictature, en mêlant au sens de ce mot un sens religieux. C'est ainsi que les Aztèques, dont le grandiose Empire s'étendit de la péninsule du Yucatan sur tout le Mexique, reconnaissent pour fondateur de leur nation le héros Tenoch, qui mourut au milieu du XIV° siècle. C'est peut-être à Tenoch qu'ils durent leur constitution, d'une cruauté d'ailleurs exemplaire, et qui s'accommodait du gouvernement d'un chef unique. C'est grâce à lui que la petite tribu des Aztèques s'empara des villes riches fondées dès le VII° siècle, atteignit son apogée sous le règne de Montézuma le Grand, premier dû nom. Comme il y eut un second Montézuma par la suite, cher aux hommes du XVIIIe siècle parce qu'il fut victime des Espagnols, on a cru parfois qu'il s'agissait d'une dynastie. Mais l'idée de dynastie était étrangère aux chefs mexicains, et certains historiens ont plutôt rapproché leur forme de gouvernement de la dictature bonapartiste, puisqu'il s'agissait d'un gouvernement à la fois monarchique, électif et plébiscitaire, où le Conseil des Notables et des Anciens jouait le rôle d'une Chambre des pairs ou d'un Sénat.

Mais les Aztèques n'étaient pas seuls à connaître cette civilisation strictement organisée en Amérique Centrale, les Mayas, en Bolivie et au Pérou les Aymaras et les Quichuas, étaient gouvernés à peu près suivant les mêmes principes. Aujourd'hui les ethnologues retrouvent chez eux de curieuses préfigurations de sociétés marxistes. Au XIV° siècle, l'Empire des Incas fut fondé au Pérou par les Enfants du Soleil, Manco Capac et sa sœur Manco Huaco, sur les ruines de l'Empire des Aymaras. L'organisation, avec les terres divisées en lots, y était rigoureusement communiste. Ce qui n'empêchait point les chefs, ou Incas (ils étaient deux, un chef temporel et un chef religieux), d'avoir une situation privilégiée et de posséder la moitié du sol, cultivée par un prolétariat traité avec beaucoup de dureté.

Lorsque les Espagnols arrivèrent, la lutte qui les mit aux prises avec les différentes puissances autochtones ne fut donc pas, comme on pouvait le croire au XVIIIe siècle, la lutte entre un oppresseur sanguinaire et des peuples naïfs épris de liberté. Ce fut une guerre acharnée entre nations également orgueilleuses, entre deux civilisations fondées sur la force. Il faut se pénétrer de cette idée assez simple si l'on veut avoir quelques clartés sur l'histoire future de l'Amérique, obscurcie par tant de légendes et tant de passions. Jamais le gouvernement populaire, tel que nous l'entendons à la mode libérale, n'a pu réussir dans ces pays, pas plus au temps de leur histoire autonome que sous la conquête européenne ou pendant l'indépendance. Sans avoir jamais (sauf, d'une manière éphémère, au Brésil) implanté de dynastie, ils ont toujours été ballottés d'une dictature à une autre dictature, et n'ont trouvé la paix que lorsque le pouvoir central, parfois injuste, parfois cruel, a été assez fort. C'est ce que nous apprendra l'histoire des différentes nationalités de l'Amérique.

LE MEXIQUE

Le Mexique, grâce au haut degré de civilisation auquel étaient parvenus les Aztèques, était fortement organisé lors de l'arrivée des Espagnols. Le chef était alors Montézuma II, qui se faisait adorer comme un dieu, dilapidait les trésors de l'État et écrasait son peuple sous les impôts. Il n'avait rien du héros idyllique mis à la mode par nos philosophes. Lorsque Fernand Cortez envahit ses États, le conquistador espagnol eut tôt fait de mettre à profit les rivalités et les haines soulevées par ce tyran. Cortez s'empara de Mexico, Montézuma fut fait prisonnier, et, un jour qu'il tentait de s'interposer entre les envahisseurs et ses sujets pour engager ces derniers à cesser le combat, il fut criblé de flèches et de pierres et périt le 30 juin 1520. Bien loin d'être honorée, sa mémoire est aujourd'hui bafouée par les Mexicains et il est considéré comme un traître. Les réputations sont aussi fragiles que les opinions.

Le héros de l'indépendance perdue, le Vercingétorix mexicain, dont la statue gigantesque se dresse sur la place principale de Mexico, fut alors un jeune homme de vingt-cinq ans, Cuauhtemoc, l'Aigle qui descendit, qu'on appelle aussi en Europe Guatimozin. Guatimozin réussit à faire autour de sa personne l'unité des diverses nations autrefois soumises aux Aztèques. Cortez détruisit Mexico, et Guatimozin se rendit à lui, comme Vercingétorix à César. Il fut traité quelque temps avec égard, puis, afin de lui arracher le secret des trésors royaux, Cortez le tortura et finalement le pendit. Il est considéré aujourd'hui comme le plus pur héros de la résistance nationale, et le premier qui ait fait du Mexique une patrie. C'est possible mais nous n'en savons rien.

Sur le gouvernement des envahisseurs qui donnèrent au Mexique le nom de Nouvelle Espagne, nous n'avons pas à nous étendre. On l'a apprécié sévèrement, avec une passion excessive. Il est trop certain que les conquérants se rendirent coupables de forfaits. Mais bientôt, les premiers moines franciscains arrivèrent, protégèrent les Indiens, élevèrent des écoles et des hôpitaux, et commencèrent une œuvre de civilisation admirable. Quelques vice-rois, dans une succession assez mêlée, composèrent des figures humaines et belles : ainsi Antonio de Mendoza, Luis de Velasco, émancipateur des Indiens, l'archevêque Payo de Rivera. Il faut se dire que ces vice-rois jouissaient d'un pouvoir à peu près sans contrôle, pourvu que les mines rapportassent au gouvernement de Madrid assez d'argent. Il faut donc leur faire honneur, ou déshonneur, suivant le cas, des mesures qu'ils prirent à l'égard du pays qu'ils administraient en tout-puissants proconsuls.

Au début du XIX° siècle, la propagande des Encyclopédistes français, qui avaient choisi l'Espagne, l'Espagne des moines et de l'Inquisition comme symbole de toutes les dépravations de l'esprit, ne tarda pas à porter ses fruits au Mexique. L'exemple de la Révolution française, la dynastie légitime, celle des Bourbons, détrônée à Madrid au profit de Joseph Bonaparte, lès querelles scandaleuses entre Charles IV et son fils Ferdinand, achevèrent de jeter le trouble dans les esprits et de les préparer à l'idée de l'indépendance mexicaine.

C'est un curé dé village, Miguel Hidalgo, qui leva le drapeau de l'insurrection et proclama l'autonomie de son pays le 16 septembre 1810.

Devant le curé Hidalgo, l'historien reste perplexe. Pour les uns, il s'agit d'un héros national, de la gloire la plus éclatante du Mexique après Guatimozin. Pour les autres, il s'agit d'un fourbe servi par les circonstances, d'un triste sire perdu de vices répugnants. Les passions ne sont jamais mortes, quand il s'agit d'expliquer ce qu'a été l'ancienne Amérique espagnole.

C'était un Espagnol d'origine, curé du petit village de Dolorès. Il est de fait qu'il planta des mûriers pour l'élevage des vers à soie, et des habitudes aussi bucoliques ont toujours attendri jusqu'à l'indulgence les cœurs républicains. Le gouvernement, fier et jaloux des soies espagnoles, fit détruire les mûriers. Don Miguel planta des vignes qui subirent le même sort.

A ce moment, une femme de Queretaro, doña Josefa Ortiz, préparait une conspiration. Hidalgo s'aboucha avec elle, afin de mettre fin aux persécutions dont ses mûriers étaient victimes, et, après que doua Josefa, dénoncée, eut été arrêtée, il proclama l'indépendance du Mexique. Il n'avait alors avec lui que quelques officiers et dix hommes armés de sabres. Sa proclamation est connue sous le nom de Cri de Dolorès.

Comme c'était un dimanche, il fit sonner la messe et accrut sa petite troupe des fidèles qui le suivirent. Puis il passa, de village en village, au cri de : « Vive Notre-Dame de Guadelupe et mort aux Espagnols. » Le curé se proclama bientôt capitaine général, remporta quelques victoires, échoua cependant devant Mexico et ordonna l'abolition de l'esclavage sur tout le territoire, sous peine de mort. Ce décret ne fut d'ailleurs pas mis à exécution.

Par malheur, si l'on en croit d'autres historiens, ce pauvre vicaire savoyard du Mexique avait des rentes annuelles de quatre cent mille francs de notre monnaie et ne songeait qu'à faire régner sur le Mexique une sorte de théocratie démagogique dont il eût été le souverain. Il s'appuyait sur les revendications sociales des paysans, mais donnait des fêtes royales, auxquelles présidait sa maîtresse.

Quoi qu'il en soit, le 17 janvier 1811, les royalistes défirent les hordes du curé révolutionnaire à Calderon, et Hidalgo fut fusillé le 1° août de la même année.

Un autre curé, aussi diversement jugé, lui succéda : ce fut Don José Maria Morelos y Pavon. Il avait un certain talent militaire et remporta sur les royalistes (qui n'étaient pas tous des Européens, mais aussi bien de bons Mexicains) une suite de petites victoires. Ses meilleurs lieutenants portaient de beaux noms : l'un se nommait Bravo, et l'autre Matamoros.

Le curé Morelos proclama à nouveau l'indépendance du Mexique (qui n'en était peut-être pas très convaincu) et l'abolition de l'esclavage. Par malheur, on l'accuse d'avoir rétabli-sous, un autre nom une sorte d'Inquisition plus farouche que l'ancienne, et d'avoir préparé des lois contre les étrangers à qui le séjour de l'Amérique devait être interdit parce qu'ils mettaient en péril « la pureté de la Sainte Vierge ». Sans vouloir prendre parti entre ces deux interprétations, nous dirons seulement que, comme le curé Hidalgo, le curé Morelos finit par être pris et fusillé en 1813.

L'activité religieuse et sociale de ces deux révolutionnaires s'éloigne fort, il faut le dire, des idées de la Révolution française. Elle est d'une couleur beaucoup plus espagnole et, on l'a vu, semble plutôt inspirée par une sorte de foi que par la raison. En tout cas, il est bon de dire qu'entre les armées du vice*roi et les hordes des deux curés, il n'y avait pas de différence de sang. Les guerres de l'indépendance ont été des guerres civiles, auxquelles des Mexicains, de chaque côté de la barricade et de l'autel, ont pris part. C'est que le fond de l'affaire était beaucoup plus social que politique, et les dictateurs improvisés l'avaient bien compris.

Les querelles intestines de l'Espagne eurent par la suite leur répercussion dans le pays. Les uns acceptèrent la Constitution libérale et rationaliste de Ferdinand VII, les autres protestèrent et réclamèrent le retour des Jésuites expulsés. Le haut clergé prit alors parti pour la liberté, le plan du soulèvement fut élaboré par l'inquisiteur, et la franc-maçonnerie interdit, sous peine de mort, à ses membres d'y prendre part. Aujourd'hui, elle prétend avoir tout fait pour affranchi le Mexique.

En réalité, la guerre fut menée par le colonel Iturbide, devant qui toutes les villes s'ouvrirent. Par malheur, Iturbide vainqueur ne voulut pas offrir la couronne du Mexique indépendant à un Bourbon. Il se proclama Empereur, et la franc-maçonnerie, soudoyée par les Anglo-Saxons, le détrôna et le fusilla en 1823. La République fédérale fut proclamée, sur le modèle de la République des États-Unis de l'Amérique du Nord. Elle entraîna toute une série de luttes, de guerres civiles, où les coups d'État militaires succédaient aux pronunciamientos. Certains États se déclarèrent indépendants. En 1857, le Mexique établit la séparation de l'Église et de l'État, nationalisa les biens du clergé, suspendit le paiement de la dette étrangère. C'est à ce moment que Napoléon III entreprit la désastreuse campagne du Mexique, afin d'établir sur le trône d'Empereur l'archiduc Maximilien d'Autriche.

Très vite, l'affaire tourna mal. Toutes les forces du pays se groupèrent autour d'un Indien, Benito Juarez, qui à douze ans ne savait pas lire. Juarez battit Maximilien à Queretaro et l'y fusilla en 1867, puis garda le pouvoir jusqu'à sa mort, pendant cinq ans. Il ne se maintint d'ailleurs que grâce à une autorité assez dure et ne réussit pas à réprimer les guerres civiles continuellement suscitées par les partis, par les États-Unis, par la franc-maçonnerie. Son successeur ne fut pas plus heureux.

Il fallut attendre 1877 pour que le Mexique connût une période de prospérité relative, sous le gouvernement de son dictateur le plus célèbre et le seul bienfaisant. Porfirio Diaz avait combattu contre les États-Unis et était devenu général. Quand il fut élu président de la République, à quarante-sept ans, il n'y avait pas une piastre dans les caisses de l'État. Après trois ans de présidence, Porfirio Diaz avait réorganisé l'administration, noué des relations amicales avec les puissances étrangères, établi des chemins de fer, le télégraphe, construit des routes. Tout cela était trop beau, et le successeur de Diaz, le général Gonzalez, pris d'une fièvre d'émulation, se lança dans une politique de grands travaux qui mena rapidement le Mexique à la ruine. En 1884, on rappela précipitamment Porfirio Diaz. Il procéda alors à une sévère révision des lois et des habitudes financières, il contracta un emprunt, réduisit le traitement des fonctionnaires, les subventions aux chemins de fer.

Cependant, il continuait ses grands travaux. Grâce à sa prudence, on ne tarda pas à supprimer progressivement les mesures d'économie rendues obligatoires par la crise, et le Mexique put connaître enfin une prospérité réelle. Il est inutile de dire que Porfirio Diaz fut réélu Président plusieurs fois.

Mais les hommes sont mortels, et les pouvoirs personnels ne durent pas plus que la vie d'un homme. Lorsque son chef le plus célèbre eut disparu, le Mexique retomba dans ses querelles intestines et ses convulsions. Il ne semble pas qu'il soit encore près d'en sortir.

Toutefois, l'expérience de Porfirio Diaz peut être considérée comme originale. On aura vu avec lui la dictature d'un ingénieur-économiste. Une dictature scientifique et, en quelque sorte, polytechnicienne, dans un pays qui n'avait guère changé depuis les conquistadors. C'est vraiment la preuve que tout est concevable et possible.

L'AMERIQUE DU SUD

L'Amérique du Sud, sous la domination espagnole, confond tout d'abord son histoire avec celle du Mexique. Mêmes excès dans la conquête, même introduction des nègres afin de remédier à l'insuffisance des races autochtones, même organisation — et même partialité, ensuite, dans l'interprétation des faits. On sait que les Jésuites, au moins au Paraguay, où ils mirent sur pied l'organisation semi-communiste des Réductions, protégèrent les Indiens Guaranis et fondèrent bel et bien les civilisations chrétiennes de l'Amérique du Sud. Quelques vice-rois surent également donner à certaines régions une prospérité relative, malgré le mauvais état de l'administration. Il faut croire que tout n'était pas si condamnable dans la domination espagnole, puisque, au moment des guerres d'indépendance, la lutte fut menée par les habitants du pays beaucoup plus que par les soldats envoyés d'Europe. Aujourd'hui, tous les historiens impartiaux le reconnaissent, et Simon Bolivar lui-même avouait dans ses lettres privées qu'il avait eu beaucoup de mal, pour les besoins de la propagande, à déguiser une vaste guerre civile en guerre contre l'étranger. Pendant tout le temps des combats, l'Espagne n'envoya pas plus de quinze mille hommes en Amérique. Il fallait donc, pour prolonger la bataille, qu'un grand nombre de colonisés fût sincèrement royaliste. On en convient seulement aujourd'hui,

C'est l'entrée à Madrid de Joseph Bonaparte qui, comme au Mexique, donna le signal du soulèvement. On prit les armes pour Ferdinand VII. Bientôt les rivalités particulières s'en mêlèrent, et des députés de province, réunis à Caracas, proclamèrent le 5 juillet 1811 l'indépendance du Venezuela, première république. Et quelle République ! C'est ce que nous verrons tout à l'heure. Peu à peu, l'insurrection gagna les autres pays, le Chili, le Pérou, l'actuelle Argentine. Des hordes parcoururent bientôt les villes et les campagnes ; les curés de village, excités par les exemples mexicains, soulevèrent les Indiens et les noirs. L'Espagne, dévorée de luttes intérieures, ne sut pas agir à temps. Il est vrai que bientôt elle allait se heurter à un homme de grande envergure, au véritable héros de l'Amérique du Sud, libérateur du continent, à Simon Bolivar.

Simon Bolivar était né à Caracas en 1783, d'une riche famille. Il avait fait ses études à Madrid, voyagé en Europe et aux États-Unis ; Marié et veuf dès dix-huit ans, il se trouvait dans ses domaines lorsque la révolution éclata.

Après d'obscures intrigues, il se réfugia à Curaçao, y rassembla une petite armée de proscrits, et tenta de délivrer tout d'abord sa patrie, le Venezuela. En 1813, il battit le royaliste Monteverde et prit Caracas, Il y entra sur un char triomphal traîné par douze jeunes filles, dans un enthousiasme indescriptible. Ayant affermi son pouvoir par des exécutions sommaires, il prit le titre de dictateur des provinces occidentales du Venezuela, et songea dès lors à pousser plus loin ses conquêtes,

Contre lui, se dressait un homme farouche, Boves, qui constitua une armée de bouviers ou llaneros, sous le nom de Légion Infernale, et tenta de lui arracher le pouvoir afin de le conserver aux souverains espagnols. Boves le battit si bien que Bolivar dut s'enfuir en barque, et ne put songer à reprendre sa marche en avant que lorsque Boves fut tué dans une bataille. Ses soldats firent d'ailleurs au chef de la Légion Infernale des funérailles dignes de lui : on égorgea sur sa tombe les femmes, les enfants et les vieillards de la ville d'Uriqua.

Cependant, un peu partout, la cause de l'indépendance gagnait du terrain. La vice-royauté de Buenos-Aires s'était constituée en État indépendant. Montevideo, dernier espoir des royalistes, avait capitulé. Bolivar, à la tête d'une armée reconstituée, remporta quelques victoires et reconquit bientôt le Venezuela, proclamé république une et indivisible. On lui offrit un roseau surmonté d'une tête d'or, « emblème de l'autorité suprême dans un pays qui peut ployer sous le vent de l'adversité, mais qui ne sombre pas ».

Il venait d'ailleurs de trouver un lieutenant dans la personne de la plus grande figure de l'Amérique latine après lui-même, Paez, Paez, comme Boves, était un llanero. Il était même Indien et devenu l'idole des gauchos qu'il rallia vite à la cause de l'indépendance dont ils étaient d'abord très éloignés. On racontait sur lui des choses surprenantes : il chassait les royalistes en lâchant sur eux des buffles sauvages ; il inondait les prairies ; il avait pris dans les grands fleuves plusieurs canonnières à la nage avec ses hommes à cheval ; il pouvait tuer à la lance jusqu'à quarante hommes. A la tête des llaneros de la plaine d'Apure, Paez devint bientôt la terreur des adversaires de l'indépendance.

Sous les bannières de Bolivar, toujours proscrit, toujours passant de la victoire à la fuite, on venait s'enrôler de partout, d'Angleterre, dé France, d'Ecosse. Il empruntait de l'argent, échappait à des attentats, Malgré la valeur certaine du général Morillo, son adversaire, Bolivar accomplissait des coups de main audacieux, traversait les Andes par la saison des pluies, s'emparait de Bogota, fondait en 1819 la République de Colombie unie au Venezuela. En 1825, après le Chili, l'Uruguay, le Paraguay, Buenos-Aires, le Pérou devenait libre, L'Espagne perdait toutes ses terres. Et parmi les drapeaux enlevés aux régiments qui combattaient pour sa cause, s'en trouvait un qui avait bien son prix ; c'était celui avec lequel François Pizarre, trois cents ans auparavant, était entré dans la capitale des Incas, — lesquels, en somme, avaient pris leur revanche.

Après avoir quelque temps gouverné le Pérou en qualité de dictateur, Bolivar revint en Colombie, Il y était soupçonné de vouloir instaurer la monarchie à son profit, ce qui lui valait de nombreuses inimitiés, et l'obligeait à parler assez fréquemment en public de « l'horreur » que lui inspirait le pouvoir suprême. En tout cas, il désirait vivement constituer une assemblée d'États sud-américains, ou tout au moins créer un organisme commun, afin de protéger plus activement les nouvelles indépendances, Il ouvrit en 1826, à Panama, un grand Congrès, qui n'aboutit à rien. Le vrai dessein de Bolivar était sans doute de réunir la Colombie, le Pérou, la Bolivie, l'Argentine et le Chili en une immense République dont il eût été le chef et qui eût pris le nom d'États-Unis du Sud. Le ministre des Affaires étrangères du Pérou devina le projet. Paez, qui avait le commandement militaire du Venezuela, manœuvra contre Bolivar. Le Congrès panaméricain échoua, et la méfiance commença. Le Pérou rejeta la constitution bolivienne, la Bolivie, qui avait pris par reconnaissance le nom du Libérateur, s'en débarrassa également, Un complot faillit lui ravir la Colombie. Il finit par s'éloigner, et mourut le 17 décembre 1830, abreuvé d'amertume et de chagrin, non sans avoir vu la Colombie se séparer en trois États : Colombie, Venezuela et Equateur.

Avec lui disparaissait le plus grand dictateur de l'Amérique du Sud, et aussi sa figure la plus énigmatique. On a fait de Bolivar le symbole de l'homme d'État républicain, alors qu'il est évident qu'il rêva toute sa vie d'une dictature impériale, étendue sur de vastes terres. On l'a dépeint comme un penseur humanitaire, nourri des philosophes du XVIII° siècle, alors que l'homme était âpre, violent et ne reculait devant aucune exécution et aucun acte sanguinaire. Et pourtant ce violent était aussi, très certainement, un homme tendre dans sa vie privée, et capable de bonté et de charité dans sa vie publique. Il y a chez lui, dans un ensemble indiscutablement génial, de l'observateur et du rêveur, un farouche llanero comme Boves ou Paez, un législateur souvent profond, un connaisseur de la nature humaine.

Aujourd'hui, on commence à comprendre que le dictateur colombien était avant tout un positiviste, un réaliste. Il a écrit de dures phrases sur les codes « fabriqués par de doux visionnaires qui, imaginant des républiques aériennes, ont voulu s'élever à la perfection politique en présupposant la perfectibilité du genre humain », Malgré ses déclarations républicaines, il était aussi opposé que possible à la démocratie, et la définissait comme un état de choses « si débile que le moindre embarras le bouleverse et le ruine ».

On pourrait tirer de ses pensées le plus sévère réquisitoire contre le gouvernement parlementaire :

« La liberté indéfinie, la démocratie absolue sont les écueils contre lesquels sont allées se briser toutes les Républiques…

« Il ne faut jamais oublier que l'excellence d'un gouvernement ne consiste pas en sa théorie, mais en ce qu'il est approprié à la nature et au caractère de la nation pour laquelle il est institué.

« Il ne faut pas laisser tout au hasard et à l'aventure des élections ; le peuple se trompe plus facilement que la nature perfectionnée par l'éducation.

« Les cris du genre humain sur les champs de bataille et dans les assemblées tumultueuses sont des témoignages élevés vers le ciel contre les législateurs inconsidérés qui ont pensé qu'on peut impunément faire des essais de constitutions chimériques.

« Le gouvernement démocratique absolu est aussi tyrannique que le despotisme, »

Quant à ceux qui font de Bolivar un élève de la Révolution française, on pourrait leur mettre sous les yeux quelques lignes où il déclare que « la nation la plus instruite de l'univers antique et moderne n'a pu résister à la violence des tempêtes inhérentes aux théories pures. Si la France européenne, toujours souveraine et indépendante, n'a pu supporter le poids d'une liberté infinie, comment sera-t-il donné à la Colombie de réaliser le délire de Robespierre et de Marat ? Peut on même songer à un pareil somnambulisme politique ? Législateurs, gardez-vous bien d'être comparés, par le jugement inexorable de la postérité, aux monstres de la France ! »

Aussi Bolivar fut-il toujours indigné, dans son réalisme politique, de voir les États de l'Amérique du Sud adopter des constitutions toutes faites, fondées sur l'abstraction, et qui n'étaient point créées pour eux, Ce qu'il eût voulu, ce que les écrivains de l'Amérique latine ont nommé la théorie bolivarienne, c'est le système d'un partisan de « l'hérédité sociocratique » à la manière d'Auguste Comte, et avant

Auguste Comte. Il eût voulu, s'inspirant sans doute en cela de la coutume des Antonins à Rome, qu'à la tête de chacune des Républiques qu'il avait créées, il y eût un président à vie et nommant son successeur. Ainsi pensait-il concilier le pouvoir absolu et la durée, apanage dés monarchies héréditaires, en se passant de l'hérédité.

On n'a pas suivi toutes les idées de Bolivar, Pourtant, dans les États successeurs de son État idéal, on est revenu peu à peu au dictateur. Le dictateur, dans ces pays de plaines et de chevaux, c'est le chef des llaneros, c'est le maître des gauchos, le candillo. Le candillo (on parle même couramment de candillisme), c'est le führer ou le duce des Vénézuéliens, des Équatoriens. Dans chacun des États américains a paru, à un moment donné, la monarchie sans couronne, dont Bolivar reste comme le théoricien exemplaire, tandis que divers élèves et imitateurs la pratiquent.

LA COLOMBIE

Après l'éloignement et la mort de Bolivar, la République de Colombie, réduite à la Nouvelle Grenade, eut pour chef le général Santander qui maintint la paix. Mais après son départ et sa mort, la guerre civile désola le pays et se maintint en permanence pendant un quart de siècle. Il se trouva même un élu conservateur, le docteur Osfina, pour penser qu'il était bon que toutes les théories fussent essayées, afin que le pays pût faire l'expérience pratique des divers systèmes de gouvernement. On se doute que la Colombie ne s'en privât point » et marcha rapidement à la ruine. Quelques dictateurs éphémères tentèrent bien de rétablir l'ordre. Ils furent très vite renversés par les partis, Il fallut attendre 1880 pour trouver un véritable candillo, le docteur Nunez,

Le docteur Nunez était un libéral : il renforça pourtant le pouvoir central, et obtint un relèvement économique. Le fait le plus curieux de ses quatorze années de pouvoir fut l'accord avec l'Église catholique, Nunez était incroyant, mais il comprit que seul le clergé pouvait l'aider à sauver le pays. « Il vit clairement, comme l'a écrit un écrivain vénézuélien, que l'unique tête visible de l'unité colombienne était alors l'archevêque de Bogota, parce que là où n'arrivaient pas les ordres du gouvernement national parvenaient ceux du prélat ; et ne croyant pas ou croyant peu à peu à l'influence divine, il crut aveuglément à celle de l'Eglise catholique, et il s'allia avec elle pour rétablir dans sa patrie la stabilité et la tranquillité sociale, » Il revint ainsi à l'antique constitution des Incas, avec l'accord entre le Zaque, chef séculier, et le Lama, chef religieux, « C'est l'union du Zaque et du Lama, représentés en plein XIX° siècle par Nunez et l'archevêque Paul, qui vint dominer l'anarchie et rétablir l'ordre. »

Cette dictature dura quatorze ans, jusqu'à la mort de Nunez, Elle fut sans débat possible l'âge d'or de la Colombie.

LE VENEZUELA

Le Venezuela est la patrie de Bolivar et du plus pittoresque des candillos, celui que l'on a comparé à un Khan tartare, le célèbre Paez, qui, lorsqu'il arriva au pouvoir, ne savait pas se servir d'une fourchette pour manger à table. Au Venezuela, le clergé ne joue pas un rôle aussi important qu'en Colombie. En revanche, les sentiments d'égalité y sont très vifs, et un César d'origine populaire ne pouvait que rencontrer l'adhésion des masses.

Chose extraordinaire, Paez, ce chef de hordes, se révéla comme un très habile homme d'État, tel, jadis, Robert Guiscard dans l'Italie du Sud. De l'épouvantable anarchie créée par la guerre civile, Paez s'efforça, dès ses débuts à la présidence en 1831, dé faire naître une nation. Réélu ou rappelé plusieurs fois au pouvoir, le rude partisan ; qui avait réussi, avec ses llaneros, à soulever tout un peuple pour l'indépendance, puis à fomenter le mouvement séparatiste qui divisa le Venezuela et la Colombie, fit de sou pays le plus civilisé des États de l'Amérique du Sud. Il eut promptement raison des derniers partisans de l'unité colombienne et s'attacha immédiatement à la réorganisation financière. A côté de lui, un ministre de l'Intérieur actif et ambitieux, Rojas, le soutenait de ses conseils. Par malheur, il succomba dans des querelles soulevées par ses adversaires et ses amis, jaloux de son pouvoir, et dans une guerre civile fédéraliste. Il ne mourut qu'en 1873, exilé à New-York, et âgé de quatre-vingt-trois ans.

Sous l'autorité de ses successeurs, dont le plus important est Falcon, le pays fut longtemps à retrouver le calme. Malgré l'attrait que peut présenter la figure à demi barbare du gaucho Paez, il faut dire qu'il a sans doute manqué au Venezuela un sens plus vif de ses intérêts nationaux et des partis moins acharnés. Cependant, ce n'est que sous la vigoureuse dictature de ses chefs provisoires que le Venezuela a pu connaître la prospérité. Après des luttes interminables, il s'y fixa par deux fois pour une durée assez longue, en 1875 d'abord, sous le pouvoir de Guzman Blanco. C'est ce dictateur qui, à son lit de mort, prononça ce mot célèbre : comme son confesseur lui demandait de pardonner à ses ennemis, il répondit : « Je ne peux pas ; je les ai tous tués. »

Vint ensuite le prodigieux Castro qui, dans son ignorance et sa fatuité, provoqua les plus grandes puissances européennes et s'attira une démonstration navale de l'Allemagne et de l'Angleterre, Enfin, en 1913, commence la présidence de Juan Vicente Gomez, A l'heure qu'il est, Juan Vicente Gomez est toujours au pouvoir. Il a réorganisé les finances, l'armée et l'administration, et, avec une poigne vigoureuse, donné la paix à son pays, Son gouvernement est si prudent et si sage que les dettes intérieures ont été amorties. Les richesses naturelles du Venezuela suffisent à alimenter le budget et les Vénézuéliens sont vraisemblablement les seuls habitants d'un État moderne, avec ceux de Monaco, qui n'aient pas d'impôts à payer. Il est vrai que l'exploitation du pétrole y est pour beaucoup. Le gouvernement du Venezuela est original. C'est la dictature à l'huile lourde.

L'EQUATEUR

Comme le Venezuela, l'Equateur se sépara de la République de Colombie en 1831. Il ne fut jamais agité par les querelles du fédéralisme, mais seulement par les luttes des partis conservateurs et démocrates. Comme la plupart des autres pays de l'Amérique du Sud, la guerre civile y a été à peu près continuelle, interrompue seulement par le pouvoir généralement éphémère d'un dictateur provisoire. Les premiers furent Juan Flores, compagnon de Bolivar, et Rocafuerte, qui se révéla bon administrateur, mit de l'ordre dans les finances, organisa l'instruction publique, créa un code civil et un code pénal, renoua avec l'Espagne. Flores revint ensuite au pouvoir, fut renversé, mena la guerre contre l'autorité nouvelle et finalement prépara le chemin de la présidence pour son gendre, Gabriel Garcia Moreno, né en 1841.

La dictature de Moreno, homme instruit et de caractère assez libéral, fut bienfaisante pour l'Equateur. C'est à lui qu'on doit la création de routes, do ports, d'hôpitaux et d'écoles. Malheureusement, ces travaux coûtaient fort cher, et le dictateur fut obligé de prescrire le cours forcé du papier-monnaie, ce qui fit décroître sa popularité. Oh sut bientôt qu'afin de porter remède à la crise financière, Moreno avait formellement recherché le protectorat de la France, puis celui de l'Espagne. Un concordat signé avec Rome, et très avantageux pour l'Église, acheva de ruiner son prestige. Des querelles extérieures avec la Colombie, avec le Pérou, l'ébranlèrent encore. Néanmoins, Moreno se maintint à la présidence de longues années, soutenu par le clergé. Il fut assassiné à coups de couteau en 1874. Sous sa dictature si discutée, il faut pourtant convenir que l'Equateur a connu une prospérité sans précédent, C'était un homme violent et sans scrupules, qui n'avait peut-être même pas pour son pays l'amour jaloux qui semble de règle. Mais ce fut un administrateur hardi, à qui la hardiesse profita, puisque les finances, à sa mort, étaient florissantes. D'autre part, l'homme privé, d'une foi très vive, était digne de respect » Sans la protection du clergé, qui développa ses missions et la christianisation des Indiens, il n'aurait pu se maintenir au pouvoir » Peut-être aussi eût-il été mieux jugé par les historiens républicains, qui lui ont gardé une vive rancune d'avoir rappelé sur cette terre « de liberté » les moines qui l'avaient jadis asservie, c'est-à-dire civilisée.

LA BOLIVIE

La Bolivie, ancien Haut-Pérou, avait pris le nom de République de Bolivar ou Bolivie, par admiration pour le Libérateur, qui fut nommé Protecteur et Président. Le général Sucre, qui avait commandé l'armée de l'indépendance, donna son nom à la capitale de Chuquisaca. C'est Bolivar qui rédigea la Constitution, connue sous le nom de Code bolivien, et qui est le texte le plus important de sa pensée politique.

Un suffrage à plusieurs degrés nommait trois Chambres : Les Tribuns, le Sénat et les Censeurs, gardiens de la Constitution et arbitres entre les deux organismes. Quant au pouvoir exécutif, il devait être exercé par un président à vie, assisté d'un vice-président nommé par lui et son successeur de droit. L'exercice provisoire de ce pouvoir fut remis par Bolivar au général Sucre. Tout cela était bien trop beau.

Nous avons vu que la Bolivie ne tarda pas à se séparer de son libérateur, et à rejeter sa Constitution. C'est le général Santa-Cruz qui lui en donna une nouvelle, avant de laisser s'engager son pays dans des guerres funestes avec ses voisins, et en particulier le Pérou.

La suite est d'une confusion et d'une monotonie qui fatiguent. Sans cesse, les généraux vainqueurs s'emparent du pouvoir pour un an ou six mois et, bien vite, cèdent la place aux généraux qu'ils avaient vaincus la veille. Dans cette succession rapide de gouvernements et de partis, d'hommes et d'idées, la conscience nationale elle-même semble s'effacer. Seule l'armée compte, et le chef qui dispose d'elle. Des États de l'Amérique du Sud, la Bolivie est celui pour lequel Bolivar semble avoir eu une tendresse particulière. Il avait encore rédigé pour elle une Constitution assurément perfectible, mais qui mettait à la première place l'ordre, le pouvoir et la continuité. Ce sont les vertus que la Bolivie semble s'être appliquée à renier avec le plus de constance.

LA RÉPUBLIQUE ARGENTINE

La République Argentine, après les querelles entre fédéralistes et unitaires qui suivirent aussitôt la proclamation de son indépendance, ne tarda pas à connaître, elle aussi, la dictature toute puissante d'un candillo, servi par une bande de gauchos racolés dans la plaine et prêts à tout, le célèbre Don Juan Manuel Ortiz de Rosas.

C'est le plus original des dictateurs de l'Amérique latine. Ce n'en fut pas le plus doux.

Il avait trente-cinq ans en 1828, lorsqu'on commença à parler de lui, et il avait passé toute sa vie dans les domaines de sa famille, parmi les gardiens de troupeaux. En 1820, il avait déjà entraîné ses hommes au secours des unitaires ; en 1827, il soulevait ses paysans pour les fédéralistes. En 1829, il était nommé gouverneur et capitaine général de Buenos-Aires En prenant le pouvoir, il déclara :

— Vous m'avez choisi pour gouverner selon ma science et ma conscience, j'obéis. Ma conviction sera mon guide, la faire prévaloir sera mon devoir.

Ce fut une dictature assez rude. Il commença par faire aux unitaires une guerre sans merci et d'une cruauté banale en ces pays. Mais il mit fin aussi aux incursions des sauvages indiens des pampas du Sud, et la popularité de Rosas » servie par une presse habilement dirigée et censurée, devint considérable dans le peuple.

Il se fit donner par la Chambre « toute la puissance publique », puis un plébiscite confirma son pouvoir. Tous les cinq ans, Rosas pria la Chambre de le rendre au repos, et tous les cinq ans la Chambre lui décerna de nouveaux honneurs. Il demeura dictateur jusqu'en 1852.

Les gauchos le surnommaient le Washington du Sud, bien qu'il ne ressemblât guère à son modèle. C'était en tout cas un homme d'une intelligence vive et d'une grande puissance de travail Il s'occupait lui-même de tout : armée, police, finances, presse, administration, diplomatie. La plus stricte discipline régnait autour de lui ; et ses adversaires lui ont longtemps reproche ses exécutions massives. Il n'avait pas de scrupules, mais une sorte de cruel génie d'invention dans le terrorisme. Un matin, dans les rues de Buenos-Aires, des marchands ambulants criaient : « Des pêches ! Des pêches ! » Quand on s'approchait de leurs paniers, on y trouvait des têtes fraîchement coupées, celles de rebelles condamnés à mort la veille.

Rosas finit par tomber devant une insurrection des provinces, soutenues par le Brésil. Après une lutte brève mais acharnée, il s'enfuit sur un vaisseau anglais et se réfugia en Irlande avec sa fille. Quoiqu'il ait toujours revendiqué le titre de fédéraliste, il n'avait guère tenu compte du droit des provinces. Buenos-Aires eut désormais dans la politique argentine la part prépondérante, et Rosas n'a pas peu contribué à faire du grand port ce qu'il est devenu. Mais son pouvoir réellement despotique et ses méthodes de répression impitoyable avaient lassé ses administrés. L'étranger s'en mêla et on oublia ce qu'on lui devait.

Par la suite, de guerre civile en guerre étrangère, l'Argentine a eu la destinée commune des peuples de l'Amérique du Sud, malgré son exceptionnelle fortune commerciale. C'est-à-dire que des candillos plus ou moins éphémères s'y sont succédé avec rapidité et que le pays n'a pu trouver la paix véritable que lorsque le gouvernement était suffisamment stable. Ainsi le général Julio Roca, pendant trente ans, fut le véritable arbitre de la politique nationale. Il mit en pratique la loi bolivarienne an point de nommer son successeur, et lit toujours triompher le candidat officiel : c'est ce que les Argentins ont nommé les postérités présidentielles. Pour cette raison, même lorsque Roca n'était pas au pouvoir (de même que Nunez en Colombie), il était le chef véritable du pays, son dictateur secret.

URUGUAY ET PARAGUAY

Le plus petit État de l'Amérique du Sud, l'Uruguay, n'échappe pas à la loi commune : Manuel Oribe, en 1835, puis Pereira ou Bernardo Berro ont été de véritables dictateurs, comme l'ont été ensuite Flores ou Ellauri. Par malheur pour ce pays, aucun d'eux n'a eu assez de force pour maintenir l'ordre pendant longtemps contre les luttes des factions et les guerres avec les puissances étrangères.

Le Paraguay semble tout d'abord faire exception, jusqu'en 1865, cette ancienne et fort extraordinaire création des jésuites vit dans une paix profonde, indifférent aux passions politique, à l'écart des autres peuples. Il était gouverna, il est vrai, par un étrange personnage, Francia, élu dictateur suprême et perpétuel depuis 1814.

L'idée la plus chère de Francia semble avoir été d'isoler le Paraguay du reste du monde. Tout voyageur qui débarquait était emprisonné : certain botaniste demeura dix ans dans un cachot.

Par ailleurs, Francia était un homme assez âgé (il avait alors cinquante-neuf ans), très instruit, et qui avait failli être prêtre. Généreux de ses deniers » avare des ressources publiques, il n'aimait point l'Église, à laquelle il avait failli appartenir. Cependant il lui emprunta le principe d'isolement qui avait été celui des Jésuites.

En fait, il maintint la paix et l'ordre, ce qui, dans ce continent » est un chef-d'œuvre assez rare pour réclamer notre admiration. Il fit faire de grands progrès à l'industrie et organisa l'échange et le commerce des produits agricoles au bénéfice de l'État. Comme l'isolement total était peu favorable au commerce, il ne tarda pas à se départir de sa sévérité primitive. Mais il conserva un droit de regard sur toute transaction publique et privée. C'était un système économique un peu étrange.

Francia perça des routes, mit en état la défense des villes, fonda un port militaire, organisa l'année et se donna une forte garde personnelle » car il craignait pour sa vie. Il vivait avec son barbier, comme le Louis XI de la légende, et quatre esclaves. A soixante-dix ans, il épousa une jeune Française.

Généralement vêtu d'un habit galonné et taillé, pensait-il sur le modèle de celui de Bonaparte, ce vieil homme fit régner sur le Paraguay une dictature totale dont bien peu de pays peuvent offrir le modèle. Constamment sous la crainte de nouveaux complots, il ordonnait que, lorsqu'il passait dans les rues, on se jetât la face contre terre. Autour de lui, la terreur régnait. A quatre-vingt-trois ans, le 20 septembre 1840, il mourut, après avoir failli assommer son médecin. Ainsi finit ce personnage insolite, qui reste un problème dans l'histoire des dictatures.

Il eut pour successeur son neveu Antonio Lopez, puis le fils de celui-ci, Solano Lopez, qui tenta de se dégager de la politique de Francia et mit le Paraguay en relations avec les peuples de l'Amérique et de l'Europe. La guerre extérieure, par malheur, devait abattre le pouvoir de cette étrange dynastie et ruiner le pays pour longtemps.

LE PÉROU

Le Pérou avait reçu en 1826 la même Constitution que sa voisine la Bolivie, et devait également s'en débarrasser bientôt. Ses premières années sont remplies par des luttes entre ses divers dictateurs, Gamarra, Lafuente, Vivanco. Ces dictateurs avaient en outre des femmes intrépides, amazones à demi indiennes, qui, lorsque l'énergie de leur mari venait à faiblir, se mettaient à là tête des troupes, la plume au vent, et s'emparaient des villes. Doña Cypriana Vivanco enflamma tous les cœurs, fut chantée par les poètes et présida aux courses de taureaux. La brève dictature de Vivanco fut une dictature de cours d'amour.

Il eut le malheur d'exiler certain général, fils d'Indien nomade et chef de légions comme Paez et qui, après l'intermède du préfet Elias, devait bientôt s'emparer du pouvoir. C'était Ramon Castilla, homme énergique, simple dans ses Idées, admirateur du principe d'autorité et qui comprit vite, comme Bolivar et Paez, la nécessité d'établir un gouvernement fort. De 1844 à 1862, il dirigea la politique nationale, affermit la paix, protégea l'instruction, créa une marine. Il libéra les esclaves, travailla à l'émancipation et à l'éducation des Indiens. C'est lui qui le premier songea à l'exploitation méthodique du guano. L'argent n'a pas d'odeur.

Castilla avait repris à son usage personnel la devise de Louis XIV : l'Etat, c*est moi. Lorsqu'il décida que le moment était venu de songer au repos, il choisit lui-même son successeur, suivant la loi bolivarienne. Après lui, une suite de présidents assez sages maintint l'ordre parmi de graves difficultés, dont une guerre avec l'Espagne. Castilla mourut en 1867, après avoir essayé de soulever le pays contre le général Prado.

En 1872, Manuel Prado prenait le pouvoir et s'occupait activement de la réforme de l'armée, de l'organisation municipale, de la suppression des fonctionnaires inutiles, et, comme tous les dictateurs, du problème financier. Les finances du Pérou étaient fort obérées et le guano n'y suffisait plus. L'État s'adjugea le monopole du salpêtre et intensifia de telle sorte la culture du guano qu'il en tira bientôt les trois quarts de ses revenus. Malgré la guerre avec le Chili, qui devait être si dure, on doit dire que c'est à Castilla et à Prado que le Pérou doit sa prospérité.

LE CHILI

Le Chili a eu tout d'abord, après les premières crises, une existence relativement paisible. C'est Une sorte de république aristocratique, où la masse du peuple vit, comme au temps de la domination espagnole, dans l'état de fermier ou d'ouvrier agricole et suivant des mœurs patriarcales. Aussi le Chili a-t-il souvent été proposé en exemple aux autres nations américaines, un des fondateurs de la patrie, San Martin, ami de Bolivar, et président d'ailleurs éphémère, y implanta assez vite les idées et les exemples de l'illustre Libérateur.

Mais l'homme qui eut le plus d'influence sur la destinée du Chili, bien que son passage ait été bref, fut Portales. Il est l'inspirateur de la charte de 1833 et s'efforça de faire réélire le premier président, Soreto, Il ne tarda pas à disparaître de façon tragique, mais cet homme simple et peu instruit avait fait beaucoup pour son pays. La réforme du clergé, des cours de Justice, la création des gardes nationales, l'organisation de la police, et surtout la confiance ranimée, tels sont les titres de Portales à la reconnaissance nationale. Comme plus tard Moreno à l'Equateur, et Castilla au Pérou, Portales a été pendant un moment l'âme de son pays. A la fin du siècle, le président Georges Montt, libéral et anticlérical, tenta de rassembler autour de lui les patriotes et y réussit dans une certaine mesure. Mais il n'a pas eu la fortune de Portales.

D'ailleurs, tous ces dictateurs éphémères, grands hommes dans leur pays, ne sont guère, au dehors, connus que des philatélistes, leur effigie ornant de nombreux timbres-poste.

LE BRÉSIL

Le plus vaste des États de l'Amérique du Sud, le Brésil, a eu une destinée particulière. C'est une ancienne colonie portugaise, et le portugais y est toujours la langue officielle. Fuyant l'armée française, la cour de Portugal vint en 1808 demander asile à son opulente colonie du Nouveau-Monde. En 1815, le Brésil était érigé en royaume. En 1817, à Pernambuco, le curé Ribeiro, lecteur de Condorcet et qui « ne respirait que pour la liberté », fomenta une insurrection et proclama la République. On trouva la tête du curé Ribeiro au bout d'une pique dans les rues de Pernambuco, mais Jean VI, empereur et roi du Brésil et du Portugal, fut inquiet. Lisbonne le réclamait, son fils Don Pedro lui conseillait des concessions. En 1821, Jean VI s'embarqua pour le Portugal, laissant la régence à son fils figé de vingt-deux ans. En 1822, la séparation était accomplie entre l'Europe et l'Amérique, et Don Pedro proclamé empereur constitutionnel du Brésil.

Le Brésil fut donc seul en Amérique à conserver pendant de longues années une dynastie. Mais, pour leur hardiesse et leur intelligence, les princes de la Maison de Bragance, implantés dans un pays qui n'était pas le leur, méritèrent le titre de dictateurs et rois. Don Pedro écrivit à son père qu'ériger le Brésil en monarchie indépendante était le seul moyen de le conserver à sa Maison, l'Angleterre pria Jean VI de renoncer à toute velléité de représailles, et la rupture fut consommée.

Nous dirions de nos jours que Pedro était une sorte d'homme de gauche. Il s'était même proclamé grand maître de la franc-maçonnerie, mais dès qu'il fut sûr de son pouvoir il fit fermer les loges maçonniques et prononça la dissolution de la première Assemblée constituante. Au milieu de révoltes partielles et des difficultés soulevées par l'Angleterre eh 1825, il héritait en outre, par la mort de Jean VI, de la couronne de Portugal. Il abdiqua en faveur de sa fille Doña Maria, ce qui ne manqua pas de soulever diverses querelles européennes, dont la France et l'Angleterre eurent à se mêler. En 1831, après une loi qui restreignait les libertés de la presse, la capitale se souleva et Don Pedro dut abdiquer en faveur de son fils, âgé de six ans. Par une mesure bizarre, il instituait pour tuteur de cet enfant le chef du parti démocratique, alors exilé à Bordeaux.

En 1841, le jeune empereur Pedro II, figé de quinze ans, fut solennellement couronné. Peu après, il établissait son pouvoir réel. Pedro II fut un empereur d'esprit moderne, très intelligent et très adroit, qui sut manœuvrer parmi les écueils des partis pour conserver sa couronne et l'ordre dans sa patrie. Il y respecta la liberté de la presse, comprenant fort bien qu'il était très important d'avoir pour lui les journaux, et il sut conserver l'apparence du régime parlementaire. On pensait qu'il régnait et ne gouvernait pas. Il n*en a pas moins eu une influence considérable sur la nation. Une guerre contre Rosas, une guerre contre le Paraguay n'ont pas troublé la tranquillité générale de son long règne. Il sut dénouer avec habileté les crises religieuses toujours dangereuses, et abolit en 1852 la traite des noirs qui existait encore. En 1871, on affranchit les fils d'esclaves. On n'abolit complètement l'esclavage qu'en 1888.

C'est par l'empereur Pedro II que l'immigration étrangère fut favorisée. Les Allemands en particulier entrèrent en masse au Brésil et ne furent pas sans créer un état de choses légèrement inquiétant. Certains journaux donnèrent à entendre qu'il pourrait y avoir là un jour une menace séparatiste.

A la fin du règne de Pedro II, et bien que le Brésil eût assumé une partie de la dette portugaise, l'état financier était bon, les dépenses médiocres, l'armée et la marine en bon état et le budget se soldait en excédant. Malheureusement, en 1889, l'empereur, devenu aveugle, ne s'occupait presque plus des affaires. Il était très populaire, mais les officiers, par une sorte de révolution de palais préparée dans les Écoles militaires, travaillèrent à le déposséder de son pouvoir. Les intellectuels, qui s'étaient convertis à une sorte d'amalgame de libéralisme et de comtisme sous l'influence de Benjamin Constant, se joignirent à eux. A la fin de l'année 1889, la République fut proclamée et la famille impériale exilée. La dictature sanglante de Floriano Peixoto devait la faire regretter. Elle dura d'ailleurs peu d'années, et le Brésil connut par la suite les diverses alternatives du régime parlementaire.

L'Amérique latine, dont nous venons d'esquisser une histoire trop brève, est la terre qui peut le plus clairement nous enseigner les dangers de l'anarchie, Aucun de ses États, sauf le Brésil, n'a de dynastie royale. Aucun ne possède d'aristocratie véritable. Il faut, pour vivre, pour s'affranchir de l'effroyable tyrannie des partis et des luttes entre les différents éléments ethniques et sociaux, un moyen de salut. Ce moyen, c'est la dictature. Sans dictature, il n'y a que guerre civile et anarchie.

Le penseur le plus profond de l'Amérique du Sud, Simon Bolivar, alors que tout le monde autour de lui croyait encore aux doctrines du XVIII° siècle, alors que les disciples de Rousseau croyaient « qu'on fait un peuple comme on fait une serrure » et que « les sociétés sont dans les mains du législateur comme l'argile dans celles du potier », Simon Bolivar pensa qu'il fallait adapter les Constitutions aux caractères nationaux.

Les seules dictatures qui aient réussi, dans l'Amérique latine, sont celles qui ont pu durer, qui ont eu la force pour elles et qui se sont montrées à la fois paternelles et solides. Elles sont presque toujours d'origine populaire. Un Paez, un Rosas, un Castilla sortent des pampas. Ils se révèlent vite comme des hommes d'Etat, peu gênés par des conceptions morales. Malgré leurs excès, c'est grâce à eux que des nations trop jeunes, sans cesse agitées, ont pu se former et se perpétuer. L'histoire romanesque des pires d'entre eux contient des détails qui font frémir. Ils ont gardé les peuples comme ils gardaient leurs troupeaux, ils les ont dressés comme ils dressaient des chevaux.

Nouvel avis aux pays qui ne veulent pas être exposés à subir les duretés des gouvernements d'exception. C'est de ne pas se mettre dans le cas d'en avoir un besoin indispensable.

Chapitre 5

PÉRIODE CONTEMPORAINE

LES DICTATEURS BOLCHEVIKS

Antécédents et préparation de la révolution russe

La Russie, au cours du XIX° siècle, avait été la terre classique du terrorisme. Un de ses meilleurs souverains, Alexandre II, le tsar libérateur, avait péri assassiné. L'Occident ne savait d'ailleurs pas très bien ce qu'étaient ces révolutionnaires, confondus en bloc sous le nom de nihilistes. Ce qui était clair c'était leur violence et leur ténacité.

La police et la justice, brutales mais débordées, souvent arbitraires et maladroites, distinguaient mal entre les comparses et les meneurs. On pendait parfois des collégiens de seize ans pour ne condamner de dangereux agitateurs, tel Vladimir Ilitch Oulianov, le futur Lénine, qu'à un exil bénin de quelques années en Sibérie.

L'intelligentzia, à la suite de la plupart des écrivains russes de l'époque, était presque toute acquise à la lutte contre le tsarisme. Dès 1896, « l'Association de Combat » formée par Lénine, groupait plus d'une centaine d'orateurs, tous intellectuels.

Grâce au fanatisme de ces militants, exprimé par la devise « Tout ou rien », et l'importance de leurs services d'espionnage, les idéologies extrémistes ne cessaient de gagner du terrain, en dépit de la censure et de toutes les forces de répression, tandis que les innombrables assassinats, attentats contre les voies ferrées, contre les banques, enfin les grèves sanglantes fomentées sous tous les prétextes, accoutumaient les partisans au risque, à l'action directe, créaient une tradition et une expérience révolutionnaires.

Cette propagande s'exerçait naturellement avant tout sur le prolétariat nouveau de Saint-Pétersbourg et des centres industriels comme Bakou, et le loyalisme monarchique manifesté dès l'abord par les ouvriers dans leurs revendications, ne pouvait résister longtemps aux menées vigoureuses des « associations de combat ».

Le ralliement des socialistes russes à l'orthodoxie marxiste était chose accomplie dès 1897. Le nihilisme, qui avait inspiré notamment les brimés du fameux « Comité exécutif », n'appartenait plus désormais qu'au passé » niais ses Violences avaient trempé les âmes des futurs bolcheviks.

En 1903, un congrès ouvert à Bruxelles puis transporté à Londres, constituait le « Parti social-démocrate ouvrier de Russie ». Sur cinquante-huit délégués, on ne comptait que quatre travailleurs manuels.

Dès leurs premières assemblées, ces intellectuels s'épuisèrent en controverses, en discussions sur lesquelles tranchaient brutalement les exigences et les calomnies froidement calculées du chef de ces débats, Lénine, déjà résolu à incarner le parti et à en écarter les irrésolus et les purs théoriciens.

Quelques mois plus tard, le parti se divisait définitivement en minoritaires ou menchéviks, et majoritaires ou bolcheviks, groupés autour de Lénine. Celui-ci n'avait encore que trente-trois ans.

La guerre russo-japonaise de 1904-1905 allait fournir aux révolutionnaires l'occasion de manifester leur force.

Le 22 janvier 1905, deux cent mille ouvriers, sous la conduite du moine Gapone, porteur d'une supplique, se rendent en cortège, sans armes, devant le Palais d'Hiver. Ils sont accueillis par une fusillade qui fait plusieurs centaines de morts.

Ce « dimanche rouge » alluma l'insurrection. Les désastres de Port-Arthur, de Moukden, de Tsoushima. les lourdes pertes, en soldats, la disette, minent le prestige du régime jusque dans la bourgeoisie, défaitiste dès le début de la guerre. Le peuple se soulève spontanément aux quatre coins de l'empire. La série rouge continue, assassinat du Grand-duc Serge, oncle du tsar, à Moscou, grèves simultanées de plusieurs millions de travailleurs, combats do rues dans tous les centres industriels, incendies et pillages dans les campagnes. L'année 1905 est, pour l'empire, une véritable année de guerre civile. En Pologne, en Arménie, le mouvement prend la forme d'un séparatisme nationaliste, Les marins se mutinent à Sébastopol et à Cronstadt.

En octobre, Lénine repasse subrepticement la frontière. Le désordre qui s'étend à toute la Russie atteint son point culminant.

Caché à Moscou, Lénine travaille à organiser la révolution. Comme il répudie la levée en masses informes, il met au point une méthode d'insurrection militairement conduite par de petits groupes de révolutionnaires professionnels sur des objectifs déterminés. Bien dirigés par eux, moins de deux mille ouvriers tiennent tête neuf jours durant à l'armée du général Doubasov, dix fois supérieure en nombre. Ils finissent cependant par succomber sous le nombre.

Et tandis que la révolte gronde encore de la mer Blanche à la mer Noire, Lénine, jugeant déjà que la partie est manquée pour cette fois, indifférent aux rumeurs qui le font taxer de désertion, passe la frontière de Finlande et va préparer sa revanche dans l'exil.

Ces premiers résultats ont réconforté les révolutionnaires émigrés, dont l'activité ne se ralentit pas. Le parti bolcheviste est définitivement constitué en 1912, avec un Comité central de sept membres.

Pendant sept ans, soit à Paris, soit à Zurich, Lénine, petit bourgeois correct, effacé, qui va lire dans les bibliothèques les philosophes et surtout les stratèges allemands, travaille avec une confiance opiniâtre à forger l'instrument de la révolution. Méthodiquement, il épure le parti des opportunistes, des phraseurs, des « aventuristes » (sous-entendu : à la Trotzky), de tous les doctrinaires suspects de quelque croyance aux mythes démocratiques. A ceux qui ne voient de salut que dans l'unité du socialisme, il répond après que Karl Marx « que l'insurrection est un art » et qu'il lui faut une bande de professionnels de la Révolution. Aux partisans d'une révolution par la méthode démocratique, il réplique « que la Révolution est incontestablement la chose la plus autoritaire qui soit ». Après les journées révolutionnaires, il prévoit même les hommes indispensables pour les journées de contre-révolution. Il soutient « l'inexorable nécessité de la dictature, pour briser les résistances de la bourgeoisie, frapper de terreur les réactionnaires, maintenir l'autorité du peuple armé ». Cette dictature sera « un pouvoir qui s'appuie directement sur la force ». Il n'hésite pas à dire que « le régime nouveau ne durera que grâce à la plus sanglante des tyrannies ». Tout cela au hasard de controverses qui semblent inintelligibles aux militants de la lointaine Russie, mais permettent à Lénine de recruter ses plus aveugles partisans, d'affirmer sa doctrine, de préciser ses buts, d'aiguiser son inflexible volonté.

Le tocsin de 1914 étouffe le bruit des grèves qui avaient repris de plus belle. La mobilisation russe s'effectue dans l'ordre. Sous l'influence de Jules Guesde, les social-démocrates, menchevistes et socialistes révolutionnaires, se rallient presque unanimement à l'union sacrée, à la défense contre le militarisme allemand.

Lénine les raille brutalement : il ne veut voir dans la guerre « qu'une lutte entre négriers qui se disputent leur bétail », et il affirme que la seule solidarité réelle du prolétariat est dans l'hostilité à toute défense nationale, sans distinction de camp. Il est d'ailleurs convaincu que « cette guerre, c'est la Révolution ». Les événements lui donneront bientôt raison. La décomposition intérieure de l'Empire s'accélère par le défaitisme, La trahison, l'espionnage et la concussion sont partout. Le moral de l'armée et du peuple fléchit de mois en mois. La Douma n'est pas sûre. Le tsar, plein de bonne volonté, est isolé et impuissant. La majeure partie de l'aristocratie et de la grande bourgeoisie l'a abandonné. Chacun conspire de son côté : les uns pour instaurer une régence, les autres pour établir un régime républicain.

Le 6 mars 1917, il y a 43 degrés au-dessous de zéro à Saint-Pétersbourg. Toutes les canalisations de chauffage ont éclaté, les trains sont immobilisés. La farine n'arrive plus. Pourtant, jamais les milieux socialistes n'ont moins songé à la révolution. Le 8 mars, au matin, un certain Kerensky, député socialiste-révolutionnaire, affirme qu'une émeute est impossible pour l'instant.

Cependant, à midi, elle éclate sans préméditation. Les ouvriers se sont mis en grève, ils ont pillé les boulangeries. Le 9, tous les faubourgs sont en rumeur. La garnison compte cent mille hommes. Mais les cosaques tirent sur la police au lieu de charger la foule. La plupart des régiments fraternisent avec les manifestants. En cent heures, le régime tsariste est renversé par une poussée irrésistible, Nicolas II abdique le 11, à son quartier général. Les grands-ducs hissent le drapeau rouge sur leurs palais. La garde impériale passe au camp des révoltés, La révolution est faite et n'a pas coûté cinq cents morts.

Les prolétaires se sont soulevés seuls. Cette absence de chef se fait aussitôt sentir. La Douma forme servilement un gouvernement provisoire dont le principal ministre est Kerensky. Parallèlement, se crée un soviet des ouvriers et des soldats, menchéviks pour la majorité. Ces deux organismes inconciliables se partagent bizarrement le pouvoir et entrent en conflit dès le 14 mars. Le gouvernement provisoire décide sans discussion de continuer la guerre. Le soviet lance un manifeste de paix aux peuples du monde entier.

Les mois qui suivent ajoutent au désordre. La guerre continue, en vertu du principe qu'une démocratie doit lutter contre l'impérialisme allemand. La crise économique s'aggrave. Le gouvernement provisoire louvoie, temporise, retarde de semaine en semaine la convocation d'une Assemblée constituante dont tout le monde espère le salut. Le soviet cherche « un équilibre entre la démagogie et la réaction ». Les lois agraires si attendues ne viennent pas.

Lénine a reçu en Suisse les nouvelles de Saint-Pétersbourg. Comment va-t-il regagner la Russie ? Il étudie aussitôt plusieurs plans. L'Etat-major allemand, qui a compris quel précieux auxiliaire il aura dans ce doctrinaire famélique, entouré d'une trentaine de disciples intransigeants, lui accorde le passage à travers le territoire germanique — mais dans un wagon plombé ! La bande arrive à Saint-Pétersbourg le 3 avril, accueillie avec enthousiasme par la fraction bolchevik.

Dans son premier discours, Lénine réclame tout le pouvoir pour les soviets d'ouvriers au lieu d'une république parlementaire ; la suppression de la police et de l'administration ; la déchéance du gouvernement provisoire qu'il tient pour oligarchique ; la fraternisation avec les Allemands sur le front. Ces projets consternent les bolcheviks et excitent l'ironie des social-démocrates, dont les journaux affirment que Lénine débite trop de niaiseries pour être dangereux.

Au milieu de juillet, des émeutes d'ouvriers, de soldats et de marins se rallument à Saint-Pétersbourg, à Cronstadt, ayant pour mot d'ordre la formule léniniste : « Tout le pouvoir aux Soviets. » Kerensky, effrayé, appelle des généraux du front avec soixante mille hommes pour briser le mouvement. Il y parvient. On peut croire qu'il va faire maintenant la contre-révolution. Les modérés respirent. Lénine, accusé de haute-trahison, doit encore une fois franchir la frontière. Il part pour la Finlande, déguisé en chauffeur et sous une perruque rousse. Mais il emporte dans sa fuite la certitude de son succès prochain.

En effet, Kerensky s'embourbe de semaine en semaine dans une rhétorique impuissante, essayant de faire peur à la révolution avec les généraux, et aux généraux avec la révolution.

Bientôt, il commet une faute irrémédiable. Le général Kornilov, fatigué par ses atermoiements, marche sur Saint-Pétersbourg. Kerensky, aux abois, fait rouvrir les prisons aux matelots et aux soldats bolcheviks qu'il a arrêtés en juillet et les lance contre le général. Kornilov se rend d'ailleurs avant d'avoir combattu. Mais Kerensky est désormais suspect aux social-démocrates, et les bolcheviks retrouvent leur liberté dans la rue.

Désormais, Lénine, de sa retraite, pousse de toutes ses forces à l'action rapide. Dans les premiers jours d'octobre, le crâne toujours orné de sa perruque rousse, il rentre en Russie et se cache dans un faubourg de la capitale.

Le gouvernement provisoire est en liquéfaction complète. Sa droite et sa gauche l'abandonnent. L'armée se débande. Le front attend la paix d'un jour à l'autre. On compte deux millions de déserteurs répandus à travers le pays. Le désordre est à son comble dans Pétersbourg dont les rues sont envahies nuit et jour par une foule compacte et où les meetings succèdent aux meetings.

Cependant, Kerensky toujours malheureux dans ses prophéties, déclare martialement : « Je ne désire qu'une chose, que les bolcheviks viennent. Je les abattrai. Toute la Russie est avec nous. Rien à craindre. » Incapable de faire arrêter la commission militaire, qui travaille fiévreusement à l'Institut Smolny, il se contente de disposer les vingt mille hommes sûrs de la garnison devant les édifices publics.

Mais Trotzky, avec qui Lénine s'est réconcilié et qui est, en fait, le tacticien de l'armée bolchevique, ne songe pas à s'emparer de ces édifices. Qu'en ferait-il ? Bien plus subtil, il a décidé de s'attaquer aux services techniques de l'État : centrales des télégraphes et des téléphones, hôtel des postes, centrale électrique, gares. Depuis une dizaine de jours, il en fait dresser les plans par des équipes de militants déguisés en ouvriers. Trotzky ne juge pas utile la grève générale (les syndicats sont d'ailleurs hésitants et divisés). Le désordre constant de la rue suffit à paralyser la vie. Il n'a guère plus d'un millier d'hommes sous ses ordres, mais divisés en escouades, avec des secteurs d'opérations et des objectifs bien définis ; « Pour s'emparer de l'État moderne, il faut une troupe d'assaut et des techniciens, des équipes d'hommes armés commandés par des ingénieurs. »

Le 24 octobre, date choisie pour le Congrès des Soviets, Trotzky donne l'ordre du coup de main. Les gardes rouges emportent sans difficulté les ponts, les télégraphes. Les matelots prennent les gares, les gazomètres, la centrale électrique. Des autos blindées assurent la liaison entre les différentes équipes. A six heures du soir, le gouvernement provisoire, coupé de ses communications avec le reste du pays, se réfugie au Palais d'Hiver. Toute la ville est dehors. Personne ne se rend compte que les bolcheviks ont virtuellement le pouvoir, pas même Lénine qui trouve que les opérations traînent, redoute un échec et perd son sang-froid. Mais le 25, les troupes de Trotzky, appuyées par le canon du croiseur Aurora, enlèvent le Palais d'Hiver. Kerensky s'en enfui. Lénine ôte enfin sa perruque et apparaît devant le Congrès des Soviets qui l'acclame et proclame la déchéance du gouvernement provisoire.

LÉNINE DICTATEUR

Les mêmes circonstances anarchiques qui avaient permis à Lénine de prendre le pouvoir allaient entraver l'installation et le développement de la révolution.

Le programme bolchevik, abondamment défini par avance, était multiple : réunion sans délai d'une Assemblée constituante ; suppression de la peine de mort ;

reconnaissance de leur indépendance aux nationalités existant dans le cadre de l'ancien Empire ; distribution de la terre aux paysans ; abolition de la police, de l'armée permanente et du fonctionnarisme ; suppression des privilèges ; égalité des traitements et salaires ; concurrence pacifique des partis politiques dans le sein des soviets.

Aucun des points de ce programme tout abstrait ne pouvait être réalisé.

Les bolcheviks, pour la plupart, s'étaient persuadés que le triomphe de leur parti, la défection de l'armée russe et la fraternisation sur le front auraient sur tous les belligérants une influence décisive, qu'à leur exemple on se déciderait partout à une paix sans vainqueurs ni vaincus, tandis que le prolétariat mondial se dresserait pour la lutte de classes.

Les terribles exigences des Allemands leur apportèrent une de leurs premières déceptions. On fait traîner les pourparlers. Beaucoup, comme Trotzky, se déclarent partisans d'une guerre révolutionnaire plutôt que d'une paix honteuse avec les féodaux prussiens. Mais un ultimatum de Berlin les oblige à se rendre à l'évidence : on ne peut combattre avec une armée que l'on a déjà pris le soin de désagréger par la propagande marxiste. Si on ne cède pas aux Allemands, ils vont menacer dangereusement la révolution en envahissant tout le pays. Étouffant les murmures de la plupart de ses collaborateurs, Lénine leur fait comprendre qu'il n'y a plus à choisir, que l'on ne peut pas obtenir une paix meilleure, et qu'il est prêt, lui, à signer des conditions cent fois plus avilissantes, parce que c'est la seule manière de sauver la révolution.

C'est le traité de Brest-Litovsk.

La réunion de l'Assemblée constituante « représentant les classes laborieuses exploitées » est sur le terrain de la théorie un second échec. Les bolcheviks n'y obtiennent que le quart des suffrages. Les paysans ont voté pour les socialistes révolutionnaires, sans être capables de distinguer la droite de la gauche. La Constituante est dissoute par un décret de Lénine, le lendemain de sa première réunion. Un marin rouge entre dans la salle des séances, monte au fauteuil du président, lui met la main sur l'épaule et lui montre la porte. La République démocratique était finie.

La liberté de la presse pour les autres partis socialistes, décidée en principe par mesure de conciliation, ne résiste pas aux premières attaques des journaux, en particulier à celle de Gorki, traitant le bolchevisme de « calamité nationale ». Il est encore moins question de « concurrence pacifique des partis ».

Au fur et à mesure que les difficultés s'élèvent, Lénine abandonne son programme pour tendre vers un seul but : le maintien des bolcheviks au pouvoir. Selon son mot, 240.000 bolcheviks peuvent bien remplir le rôle des 130.000 seigneurs terriens qui ont naguère mené la Russie.

Ce qui pourrait subsister du plan de réformes initial achèvera de disparaître dans la double crise qui s'abat sur le pays : insurrection paysanne, guerre civile.

Un des premiers soins du dictateur a été de promulguer la nouvelle loi agraire. Elle abolit la grande propriété foncière, mais sans fonder en réalité l'exploitation collective. Les paysans se partagent l'usufruit des terres. Rosa Luxembourg a très justement observé qu'en pensant ainsi s'attacher les paysans, la révolution faisait un faux calcul, que ce morcellement du sol contrecarrait la tendance à la centralisation économique impliquée par le nouveau régime et « que la mesure, non seulement n'était pas socialiste, mais coupait le chemin qui mène au socialisme ». On ne créait pas une propriété socialiste, mais une propriété morcelée, dont la culture devait nécessairement marquer un recul technique sur celle des grands domaines. La répartition des terrains, fatalement arbitraire, ne ferait qu'accentuer l'inégalité ancienne, au profit des paysans riches, les koulaks. En fait, d'ailleurs, les décrets intervenus au sujet de la répartition ne firent que reconnaître un état de choses accompli, car les paysans, dès octobre, s'étaient réparti la terre de leur propre initiative.

La situation de plus en plus tragique de la Russie rendra bientôt illusoires ces partages. Tandis que l'armistice sépare les belligérants sur tous les fronts, la guerre civile ravage l'ancien empire.

De la fin de 1918 à l'automne 1919, les armées rouges sont bousculées sur la Volga, à Perm, sur le front oriental. Le général Ioudenitch les fait battre en retraite au nord jusqu'aux portes de Saint-Pétersbourg. Les défections sont innombrables dans leurs rangs.

Pendant cette période chaotique, la Russie, comme dans toutes ses périodes de troubles, connaît la famine. Lénine n'en a cure et, convaincu que la révolution mondiale ne tardera plus, que l'essentiel pour le bolchevisme est de durer, met tout en œuvre pour ce moment et institue « le communisme de guerre ».

La première conséquence de ce nouveau communisme est la réquisition à main armée des récoltes chez les paysans, qui se voient ainsi dépouillés aussi soudainement qu'ils étaient devenus propriétaires. Ces brutales opérations, dirigées par les soviets agricoles, soulèvent la fureur des moujiks qui dissimulent leurs céréales. Elles engendrent d'épouvantables persécutions, des massacres, une cruelle guérilla, plus meurtrière encore que la guerre civile, faisant près d'un million de victimes chez les seuls paysans.

D'autre part, la lutte entraîne la militarisation du parti bolchevik. La peine de mort est également rétablie, cela va sans dire, dans l'armée comme dans le civil (en même temps que les décorations qui avaient été elles aussi abolies). La commission extraordinaire, ou Tcheka, qui fait exécuter la loi martiale, est cent fois plus rigoureuse et sanglante que les organismes tzaristes équivalents.

Quant au principe des nationalités, il reçoit le plus flagrant des démentis en Géorgie, où une tentative d'indépendance et de république fédérative est brisée par les soldats rouges. Trotzky balaye le fameux principe par une simple question posée aux mencheviks géorgiens : « Le droit des peuples à disposer d'eux-mêmes équivaut-il au droit de porter impunément préjudice à ses voisins ? »

Grâce à cette tyrannie de toutes les minutes, la plus sanglante qu'aucun peuple ait jamais subie, la dictature de Lénine s'affermit. Les Soviets ne comptent plus que des fonctionnaires stylés votant au commandement les décrets jugés nécessaires. La Tcheka continue à fonctionner et étend son réseau sur tout le pays. Les syndicats sont tenus en laisse, comme les soviets. Tous les organismes de l'État, accaparés par les bolcheviks, sont étroitement tributaires des deux organismes suprêmes : le Politbureau (bureau politique) et l'Orgbureau (bureau d'organisation), composés seulement de cinq membres, et de qui dépendent toutes les décisions. « Une véritable oligarchie », reconnaît cyniquement Lénine.

Naturellement, aucun parti n'est plus toléré en dehors du bolchevick et la presse est complètement bâillonnée.

Cependant, après les horreurs de la pire des guerres civiles où les bolcheviks ont appliqué la cruauté méthodique recommandée par Lénine et Trotzky, la Russie connaît une situation peut-être encore plus tragique.

Les difficultés extrêmes de réquisition dans les campagnes soulevées ou ruinées, la désorganisation des transports qui ont toujours été précaires, ramènent la famine dans la plus grande partie du pays, et singulièrement dans les grands centres.

Le massacre ou la fuite de la plus grande partie de la classe dirigeante a privé l'industrie de sa tête. La production des usines étatisées est tombée à moins de vingt pour cent du rendement d'avant guerre. La socialisation tombe du sabotage à la destruction pure et simple : « Nous avons déjà, avoue Lénine, confisqué, nationalisé, cassé et démoli plus que nous ne pouvons recenser. »

Le bolchevisme, divaguant après ses premiers succès, annonce la suppression prochaine de la monnaie comme le progrès suprême. Déjà, il est admis en principe que l'État se chargera de tous les besoins des ouvriers. Mais en fait, il ne parvient à leur distribuer que de misérables rations qui se réduisent de mois en mois. Dans les villes surpeuplées, il est impossible de se procurer les objets de première nécessité : vêtements, sel, sucre, charbon, bois.

Ces échecs répétés ont fini par convaincre Lénine de la nécessité d'un retour en arrière : « La dictature du prolétariat, confesse-t-il, signifie que jamais encore le prolétariat des capitales et des centres industriels ne s'est trouvé dans une situation aussi terrible que maintenant. »

Le parti, après la défaite des spartakistes allemands et des judéo-communistes de Budapest, commence à comprendre que la révolution mondiale ne s'annonce pas pour demain. Lénine, chez qui coexistent si bizarrement l'idéologie à long terme la plus étroite et la plus inhumaine et une sorte de sens pratique, de réalisme immédiat, fait adopter au X° Congrès du parti, malgré l'opposition furieuse de Trotzky, une nouvelle économie politique désignée par ses initiales « N. E. P. ».

La Nep, qui surprend beaucoup les bolcheviks intransigeants, revient à un capitalisme limité et contrôlé : fin du rationnement, des confiscations, réouverture du marché, liberté de la vente pour les petits producteurs. C'est un démenti cuisant, un échec incontestable. Mais Lénine a compris que, sans ces concessions, le parti bolcheviste n'eût pas conservé le pouvoir, et il a sacrifié l'orthodoxie de sa doctrine économique pour assurer au parti la suprématie politique.

L*établissement de la Nep, véritable défaite pour le théoricien Lénine, sera sa dernière grande décision. Déjà ébranlée par la balle que lui avait tirée au cours d'une réunion ouvrière une étudiante juive, Dora Kaplan, sa santé le trahit de plus en plus. En mai 1922, il est atteint de graves troubles artériels et reste à moitié paralysé, sans espoir de guérison. Dans un an, il sera mort.

Cette dernière année fut toute remplie par sa lutte contre le futur maître, Staline, un ancien terroriste géorgien, qui n'avait joué jusque-là que des rôles de second plan, mais qui, ayant réussi à se faire nommer secrétaire général du Parti, accumule autour de ces fonctions les pouvoirs les plus variés. Staline qui devine la succession ouverte commence dans l'ombre la sélection de ses futurs subordonnés. Il exile ceux dont il doute. Il obtient des autres une obéissance totale.

Un conflit grave met aux prises Lénine et Staline sur la question de la Géorgie qui, désireuse de se donner une autonomie menchéviste, a mis les bolcheviks en minorité. A l'instigation de Staline, le Politbureau censure un article de Lénine. La dernière lettre du malade fut pour rompre avec Staline toute relation. C'était la lutte ouverte à brève échéance. Qu'en serait-il sorti ? Quels épisodes atroces, quelle lutte intestine allaient s'ajouter aux malheurs de la Russie ? Toutes les suppositions sont possibles. Mais Lénine succomba à une nouvelle attaque le 21 janvier 1924. Sa dépouille embaumée devint aussitôt l'objet d'un culte officiel, qui allait permettre de déguiser le reniement de fait de toutes ses théories, reniement auquel la réalité des choses, plus forte que sa volonté fanatique, l'avait peu à peu contraint.

STALINE

Le chef mort, la lutte, d'autant plus violente qu'elle doit rester secrète, commence entre les disciples qui s'estiment tous qualifiés pour lui succéder, en dépit de difficultés grandissantes.

En effet, si, à la mort de Lénine, la Nep a pu sauver la Russie d'une crise économique sans précédent en Europe (la famine de 1921 a frappé près de trente millions d'habitants), la situation du pays est encore misérable. La moitié des terres ensemencées en 1913 est en friche. La récolte de graines n'atteint pas trois milliards de pounds contre six milliards avant guerre. Les produits manufacturés sont hors de prix, alors que les salaires des ouvriers arrivent à peine au tiers des tarifs de 1914. Le petit commerce est aux mains des mercantis. Des millions de paysans, ne pouvant plus donner leur travail à de grands propriétaires, sont sans terrain.

La bureaucratie, qui compte quatre cent mille fonctionnaires communistes bien payés et bien logés, alors qu'à Moscou le peuple s'entasse à dix personnes dans une cave, ne fait qu'aggraver cette misère.

Les salaires n'ayant pas été payés de plusieurs mois, les prix rendent inaccessibles aux travailleurs les objets les plus indispensables. Des grèves éclatent. Trotzky en rend responsable Staline qui peuple les bureaux de ses créatures sans se soucier de leur compétence et ne leur demande que de servir ses propres ambitions. C'est le premier épisode d'une lutte qui va durer six années. Le triumvirat (les Russes disent la troïka) du Politbureau : Staline, Zinoviev, Kamenev, est résolu à écarter Trotzky. Si l'exécution doit être longue à venir, c'est que Staline n'ignore pas qu'il ne peut exiler comme un simple chef de service le vainqueur d'octobre 1917.

Après le congrès de 1924 (le 13e !), destiné à l'unification du parti bolchevik, la politique d'épuration chère à Staline reprend de plus belle. Tous les « camarades » qui ne s'inclinent pas servilement devant lui sont exclus du parti, rejetés dans la misérable plèbe qui compte vingt millions de sans-travail.

Les soulèvements sont noyés dans le sang. L'oppression policière grandit dans tout le pays.

La querelle Trotzky-Staline se poursuit, curieusement observée par les hommes au pouvoir. Trotzky n'a ni la ruse ni la finesse de son adversaire. Son dogme de la « révolution permanente » apparaît comme très dangereux au clan des bolcheviks désormais nantis. Il n'est plus qu'un agitateur d'extrême-gauche dans un pays où on ne tolère qu'un opportunisme étroit. A partir de 1926, il est déconsidéré par ses relations suspectes, par les hommes tarés qui composent son groupe. Staline, en falsifiant des documents, finit même par lui dénier son rôle dans le coup d'État et dans la guerre civile pour se décerner à lui-même une auréole de grand général. Trotzky tente et manque un coup de main en novembre 1927, au dixième anniversaire de la Révolution. Exilé enfin en 1928, il se retire en Turquie l'année suivante. Staline triomphe.

Pour assurer son prestige, il se flatte de soulever la Chine. Mais les coups d'État militaires de Shanghaï, de Pékin, de Canton et de Nankin infligent à sa politique le plus brutal démenti. Il a simplement poussé à mort des centaines d'ouvriers chinois. N'importe quel autre chef de gouvernement européen verrait son prestige sérieusement compromis par un tel échec. Mais Staline s'est assuré, avec l'obéissance aveugle de la Tcheka, le monopole absolu des informations. Quoi qu'il arrive, on louera sa clairvoyance.

Ses acolytes juifs, Zinoviev et Kamenev, dont il veut maintenant se débarrasser et contre qui il pense à fomenter un mouvement antisémite, sauvent leur tête à force de servilité, de reniements. Ils capitulent sur toute la ligne. Mais ils n'ont plus que des attributions subalternes. Staline, au contraire, se fait nommer, par le XIVe Congrès, secrétaire à vie du parti. A peu près certain de durer, il va pouvoir appliquer ses théories économiques.

En 1928, il lance le plan quinquennal.

La réalisation de ce plan, entourée d'une réclame inouïe, a été, en fait, incohérente et n'a abouti qu'à édifier au hasard un certain nombre de géants industriels, excellents instruments de propagande, mais qui n'ont servi à rien, parce qu'ils ne correspondent pas aux besoins réels de la Russie.

Cent dix-huit milliards de roubles ont été engloutis pour des résultats qui, de l'aveu même des statistiques officielles, ont atteint péniblement la moitié des prévisions de 1928. Les efforts demeurent presque partout stériles. Le chemin de fer de Turksib, commencé d'ailleurs sous l'ancien régime, ne voit passer que quelques trains très lents. Le barrage du Dnieprostzoï, dû à un ingénieur américain, fera tourner ses turbines à vide pendant de longues années encore, faute de transformateurs et de câbles pour transmettre le courant. A Nijni-Novgorod, les usines Ford fabriquent des automobiles, inutilisables pour les trois quarts dans un pays dépourvu de routes carrossables. Les délicates machines-outils américaines sont rapidement détériorées dans les usines et les exploitations agricoles par des ouvriers inexpérimentés. On a établi le Magnitogorsk, entreprise de forges et de hauts fourneaux, à deux mille kilomètres des mines de charbon, d'où prix de revient extravagant de l'acier dont la production est insignifiante. Le reste à l'avenant.

L'échec a été implicitement reconnu, du fait que les « plans » devaient se succéder de façon continue. Depuis 1933, il n'en est plus question.

Officiellement, il n'y a plus de chômage ; on reconnaît toutefois une « fluctuation » de la main-d'œuvre qui correspond au vagabondage de plusieurs millions d'ouvriers. La migration des prolétaires est une plaie du régime. Tous les moyens de coercition possibles, livret de travail analogue à un livret militaire, obligation de résidence, passeports, ne parviennent pas à fixer les ouvriers qui vont de ville en ville chercher des conditions d'existence un peu moins lamentables, un « patronat » un peu moins cruel. Le « commandement unique » dans les usines, depuis 1929, a supprimé les dernières libertés des ouvriers qui vivent sous le régime du bagne.

Le programme scolaire a, lui aussi, fait faillite, malgré ses ambitions. Loin de diminuer, le nombre des illettrés va croissant.

Enfin, tous ceux qui tiennent une plume, journalistes, romanciers, historiens, poètes, sont tenus de célébrer le régime sans restrictions, sous peine de déportation.

Les choses en sont là.

Staline, politicien retors mais esprit borné, inculte, n'a jamais pris, sur le plan économique, que des solutions de primaire qui renversent les conditions essentielles de l'existence humaine, au profit de fins chimériques.

Sous sa dictature, le peuple russe vit beaucoup plus mal qu'avant guerre. Il est obsédé par les soucis alimentaires, par l'extrême difficulté de se procurer le strict nécessaire. On mesurera la beauté de l'organisation soviétique en apprenant qu'il faut plusieurs jours pour obtenir un billet de chemin de fer et un après-midi pour acheter du sucre, quand il y en a.

Le collectivisme intégral a supprimé toute initiative individuelle. L'ardeur de quelques brigades de choc entraînées et nourries spécialement, que l'on montre avec orgueil aux voyageurs de marque et aux journalistes étrangers, ne suffit pas à compenser l'apathie d'un peuple entier accomplissant sans espoir une besogne de galérien.

En onze ans, on estime que Staline a chassé de leurs foyers cinq millions de paysans et fait exiler dans les îles de la Mer Blanche, de l'Océan Glacial ou au fond de la Sibérie, huit à dix millions d'hommes de toutes les classes sociales, soldats, ouvriers, fonctionnaires, commerçants et intellectuels.

Ayant réuni dans ses mains l'ensemble des pouvoirs, exerçant sans contrôle le droit de vie et de mort sur toute la Russie, Staline apparaît comme un despote oriental, doublé, selon le mot d'un de ses adversaires, de tous les ridicules de Bouvard et de Pécuchet.

Mais sans sa dictature, comme sans celle de Lénine, il y a longtemps que la Révolution russe ne serait plus qu'un souvenir. Tous les deux sont partis de ce vieux principe que la force est l'accoucheuse des sociétés. Un forceps est particulièrement nécessaire, en effet, pour l'accouchement des monstres.

ATTATURK, CI-DEVANT MUSTAPHA KEMAL

Après la guerre, les Alliés vainqueurs voulaient rétablir les anciennes « Capitulations » par lesquelles les Européens, dans l'Empire ottoman, étaient soustraits à la juridiction des tribunaux turcs, Un délégué de la Turquie observa alors en souriant : « Pourquoi voulez-vous nous traiter comme des sauvages ? Ici, dans notre délégation, nous sommes tous docteurs en droit de la Faculté de Paris. »

Ce trait fait comprendre les transformations extraordinaires qu'un chef d'une énergie farouche, servant les idées d'une élite, a imposées en quelques années à un pays qui passait pour immuable. C'est pourquoi, parmi les dictateurs de notre temps, la figure la plus curieuse et la plus originale est peut-être celle de Mustapha Kemal.

Elle n'a point la vedette, comme Hitler ou Mussolini, ou même Staline. C'est que nos relations avec la Turquie, pour importantes qu'elles aient été au cours des siècles et qu'elles demeurent encore, n'ont pas l'urgence de nos relations avec l'Allemagne, l'Italie, la Russie. Il faut pourtant convenir que si l'on juge une dictature aux changements qu'elle apporte à un pays, il n'est pas de gouvernement nouveau qui ait apporté des transformations aussi radicales que le gouvernement de Mustapha Kemal. Par-là, ce dictateur moderne, qui veut faire de son pays un pays européen, qui se réclame de la Révolution française, qui admire l'Amérique, et qui veut être à « l'avant-garde » de son temps, nous rappelle beaucoup certains souverains orientaux. Il y a en lui du Washington et du Gengis-Khan à la fois. Mais il est bien évident que l'homme à qui il ressemble le plus est encore Pierre le Grand, le tsar qui voulut faire de la Russie, en quelques années, une nation européenne, et qui obligeait les boyards à couper leur barbe sous peine de mort.

Mustapha Kemal (Kemal signifie « le Parfait ») est né à Salonique eh 1380. Son origine n'est pas très certaine : quelques-uns le disent Anatolien de pure race, d'autres Macédonien, c'est-à-dire Slave mâtiné de Bulgare, du pays le plus métissé d'Europe, d'autres encore le font Albanais. Quoi qu'il en soit, il est de souche paysanne. Son père fut agent des douanes, puis négociant en bois. Il lui fit faire des études assez modernes, puis, après sa mort, et malgré l'opposition de sa mère, Mustapha entra à l'Ecole militaire. En 1904, il était capitaine d'état-major.

Il s'occupait alors beaucoup de politique, s'exaltait en songeant à sa patrie corrompue et opprimée, et conspirait contre le sultan Abdul-Hamid. A Damas et à Salonique, où on l'envoya en disgrâce, il fonda des sociétés secrètes. C'était un Jeune Turc de la seconde génération, celle qui trouvait que la révolution salonicienne s'était arrêtée trop tôt.

En 1914, il était opposé à l'entrée en guerre de la Turquie aux côtés de l'Allemagne, Pourtant il fit son devoir, commanda au Caucase, et, comme général, en Mésopotamie. Il ne craignit pas d'entrer en conflit avec le général allemand Falkenhayn, qui essaya de le corrompre à prix d'or. Quelque temps tenu à l'écart, il finit par être placé à la tête d'un groupe d'armées, juste au moment où la Turquie réclamait l'armistice, et où le grand vizir commençait à vendre son pays à l'Angleterre. A ce moment-là, Mustapha était en Anatolie : on lui ordonna de licencier ses troupes, il refusa, et, en face du gouvernement de Constantinople, établit le gouvernement d'Angora, citadelle inconfortable, mais imprenable. Il devenait l'âme de la résistance nationale, et le général Gouraud, qui fit son éloge, ne s'y trompa pas.

C'était l'heure où les Grecs de Venizelos, appuyés par l'Angleterre, débarquaient à Smyrne, Mustapha organisa la résistance, refusa d'obéir à Constantinople, et le 21 janvier 1921 proclama que la souveraineté appartenait à la nation, et que le gouvernement était celui de la « Grande Assemblée Nationale ». En même temps, il s'alliait à Moscou (tout en réprimant énergiquement toute propagande communiste), et, en septembre, battait l'armée grecque. En 1922, un nouvel armistice était signé, Mustapha recevait le nom d'El Ghazi, c'est-à-dire le Victorieux. Le 1" novembre, l'Assemblée siégeant à Angora déposait le Sultan, et déclarait que le khalifat continuerait à être exercé par la famille des Osman, à condition que l'Assemblée pût choisir parmi ses membres le prince qui serait digne de cet honneur. En 1923, Mustapha Kemal était élu « président de la République »,

Bientôt, d'ailleurs, il devait faire purement et simplement supprimer le khalifat, qui n'est pas d'origine coranique, proclamant que la religion était affaire individuelle. Le monde entier fut stupéfait. On craignit les revendications des peuples d'Islam. Seules quelques communautés musulmanes de l'Inde protestèrent. Les autres musulmans, d'ailleurs divisés depuis un temps immémorial par leurs hérésies, ne s'émurent pas outre mesure de voir cesser l'autorité fictive du Commandeur des Croyants. La séparation de l'Église et de l'État était consommée. Il est assez curieux de voir que dans tous les pays du monde et dans tous les temps, les dictateurs s'occupent d'abord de religion,

Le dessein avoué de Mustapha, après ses victoires, après la répression de l'insurrection kurde, après, un adieu à l'Angleterre trop gênante, était de faire de sa patrie, à laquelle, au traité de Lausanne, il avait réussi à conserver une partie importante de son territoire européen, un pays qui fût l'égal des peuples de l'Occident, Et que faut-il d'abord pour être égal ? Etre pareil extérieurement, ne pas se distinguer par le costume. Le monde va à l'égalité par l'uniformité. Aussi, comme tous les Orientaux, il pensa que la première lutte à mener était une lutte de tailleur et de chapelier, Les jeunes Chinois sont tout fiers d'avoir coupé leur natte et de porter des casquettes ou des chapeaux mous. Mustapha le Victorieux décida l'abolition du fez. Pour faire tomber le fez, il fit d'ailleurs tomber les têtes d'une vingtaine de récalcitrants.

La lutte pour le chapeau est peut-être la plus difficile qu'il ait menée. Les musulmans ne se découvrent pas dans les mosquées:le fez sans rebord permet de s'incliner front contre terre et n'est jamais gênant. Par de nombreux discours, Mustapha fit campagne pour « la tenue internationale des peuples civilisés » ; la ville de Brousse, dans un élan d'enthousiasme, abjura le fez et, ne possédant pas de chapeau, décida de vivre tête nue en attendant les stocks. A Erzeroum, au contraire, il y eut des révoltes. Peu à peu, tout s'apaisa, Les Turcs consentirent à vivre tête nue devant Dieu et leurs supérieurs, et à porter le chapeau dans la rue.

En même temps, Mustapha abolit le petché et le tchartchaff, c'est-à-dire la robe turque et le voile qui couvre le visage des femmes, Depuis longtemps déjà, on luttait pour l'émancipation de la femme musulmane. L'exemple vint des républiques soviétiques du Caucase, peuplées de musulmans, et en particulier de la République d'Azerbaïdjan, qui fut deux ans indépendante et qui revendiqua la gloire d'être la première république islamique. Elle avait donné le droit de vote aux femmes. Mustapha ne le leur a pas encore accordé. Mais il a supprimé, dans les salles de spectacles, dans les trains, la séparation des deux sexes ; il a autorisé et encouragé la formation des actrices turques ; il a permis aux femmes de danser en public avec des étrangers. Si l'émancipation politique n'est pas encore faite, l'émancipation sociale est déjà accomplie.

Un fait, en particulier, le prouve; la polygamie a été supprimée, Mustapha a traité avec dérision le fameux livre de l'Islam. Il l'a envoyé par-dessus les moulins. Le Code civil turc découlait du Coran. Mustapha, ayant séparé le pouvoir temporel du pouvoir spirituel, chercha un Code suffisamment moderne pour l'appliquer à la Turquie. En 1926, sans discussion, et par un seul article de loi, le Code suisse (qui date de 1912) fut adopté à l'unanimité par l'Assemblée nationale, sans aucun changement afin d'éviter des discussions interminables. Il établissait le divorcé et le mariage civil.

En outre, le Ghazi a procédé à de nombreuses réformes sociales : code du travail, jour de repos fixé au dimanche, contrairement aux usages coraniques qui sanctifient le vendredi, suppression de la dîme, etc. On sait, d'autre part, qu'il a obligé récemment la Turquie à adopter l'alphabet latin et le calendrier grégorien. On voit qu'il est difficile de rompre plus complètement avec le passé, Dans son désir d'imiter les pays européens et même de les dépasser, Mustapha Kemal vient de prendre un décret pour organiser dans

les moindres villages l'usage de la T.S. F. Tout ce qu'il a pu inventer pour tuer la vieille Turquie, il l'a appliqué, A un pays qui avait la réputation d'être immobile, il a donné la rapidité du cinéma, Il a tourné ses réformes comme un film.

Cependant, les peuples forts ont l'habitude de s'appuyer sur leur passé. C'est ici que l'attitude de Mustapha est la plus singulière, Au moment de la lutte avec les Grecs, les Turcs avaient prononcé, devant la mosquée d'Ahmed, le serment de lutter jusqu'à la mort. Ils avaient invoqué les anciennes gloires musulmanes. Après la rupture définitive avec le khalifat et avec les usages coraniques, Mustapha Kemal tenta de briser tout lien avec les princes osmanlis, Alors que pour un Européen le passé de la Turquie semble ne faire qu'un avec le passé des sultans, Mustapha Kemal fit rédiger des manuels d'histoire où une vingtaine de pages suffisent à résumer quelques siècles,

Cependant, comme il serait vain de faire naître ce grand peuple de la guerre de 1914, le dictateur moderne s'est préoccupé de lui chercher des ancêtres plus glorieux que les tribus nomades dû Turkestan dont il descend. C'est le moment où diverses missions archéologiques découvrirent d'importants vestiges de la civilisation des Hittites. Les Hittites n'étaient pas inconnus : on savait qu'ils avaient envahi l'Egypte, que les filles des Pharaons avaient parfois épousé des princes de cette race, La Bible fait allusion à leur empire. Les ruines que l'on découvrait en Anatolie, les statues gigantesques qui évoquent les arts crétois ou mexicains semblaient prouver qu'on se trouvait en présence d'un royaume puissant. Mustapha Kemal annexa les Hittites, et fit enseigner leur histoire qui, reconnaissons-le, pose plus de problèmes qu'elle n'en résout, Par la suite, on devait remonter plus haut dans la chaîne des temps, et découvrir les Sumériens, La mode fut aux Sumériens, la grande banque turque s'appela « Sumerian Bank », et plusieurs personnalités importantes, invitées à choisir un nom héréditaire, encore à l'exemple des Européens, choisirent celui de Sumer, Mustapha Kemal, quant à lui, se fait appeler désormais M. Attaturk.

Enfin, l'œuvre la plus extraordinaire à laquelle se soit attaqué ce surprenant dictateur, est la réforme linguistique. La langue turque n'est pas pure, et les mots arabes et persans s'y rencontrent en abondance. On commença par rendre l'emploi de cette langue obligatoire, même en matière religieuse : le Coran arabe fut traduit en turc, ainsi que les livres liturgiques. Puis on se préoccupa de l'épurer.

L'emploi des caractères latins avait déjà rendu inutilisables un grand nombre de mots. Pour les remplacer, une Commission présidée par Mustapha Kemal fit des recherches dans les dialectes locaux, dans les textes anciens, et jusque dans les patois du Turkestan. Peu à peu, on devait faire disparaître de la langue turque tout ce qui pouvait avoir une origine arabe ou persane, Ce qui peut sembler étonnant, c'est que le peuple entier collabore à cette œuvre sans précédent dans l'histoire. On s'ingénie à trouver des mots, à ressusciter d'anciennes formes. C'est ainsi que peu à peu se constitue une nouvelle langue.

Elle a, naturellement, quelques inconvénients. Voici deux ans mourait un grand poète, auquel le gouvernement et le peuple, toujours respectueux de leurs gloires nationales, firent des funérailles grandioses. Mais on avoua que les jeunes gens comprenaient mal ces vers écrits en « turc d'avant guerre », et que dans dix ans, il faudrait probablement les traduire.

D'autre part, on vient de publier, voici deux mois, le dictionnaire officiel de la nouvelle langue. En peu de jours, les premières éditions furent épuisées, et les mauvais esprits prétendirent que la raison en était assez simple : c'est que personne ne comprend rien au nouveau turc, création artificielle, et qu'il faut l'apprendre comme on apprend l'espéranto.

Quoi qu'il en soit, cette entreprise étrange, et un peu effrayante, est certainement la plus originale do toutes les réformes de Mustapha Kemal. Elle nous prouve à quel point l'esprit du dictateur est un esprit constructif, un esprit créateur, même contre toutes les conditions habituelles de la vie.

D'ailleurs, il est trop certain que le Turc, malgré l'apparence « moderne » de ces réformes, les accepte d'une manière généralement passive, comme il accepterait tout excès d'une dictature asiatique. C'est ce mélange de despotisme orientai et de mimétisme occidental qui fait l'originalité de la figure du Ghazi.

Il peut tout se permettre, et tout l'Orient a les yeux tournés vers lui, malgré ses prescriptions anticoraniques. La légende l'accompagne : on prétend qu'il vit de fête en fête, passe ses nuits dans les danses et le plaisir, et sort de3 cabarets pour organiser les finances 011 tracer des plans de villes modernes. Peut-être dans vingt ans d'ici apparaîtra-t-il comme le dernier des grands Sultans,

En tout cas, il fournit la preuve qu'un dictateur puissant peut faire faire aux peuples à peu près tout ce qu'il veut et, qu'ils le désirent ou non, changer leurs mœurs et leurs habitudes du jour au lendemain.

Je ne crois pas que cette manière d'introduire des réformes plairait aux Français, à qui la Révolution elle-même n'avait pu imposer de nouveaux noms de mois, pourtant très harmonieux.

MUSSOLINI ET LE FASCISME

Le peuple italien est un des mieux doués qui soient au monde pour l'intelligence spontanée des grandes nécessités de la politique. Il y joint un sentiment de l'histoire, une mémoire des faits où il puise sans cesse des raisons d'agir. L'évocation du passé a toujours exalté l'âme italienne, et il reste assez vivant pour que les Italiens d'aujourd'hui s'inspirent encore des exemples de leurs ancêtres lointains.

Les politiciens de la vieille école, abusés par les longues années pendant lesquelles le parlementarisme triomphait en Italie comme ailleurs, n'ont pas vu reparaître ce trait profond de leur pays. Par-là, ils ont signé l'arrêt de mort de leur régime et ouvert la porte à la révolution populaire qui allait les emporter.

On ne peut comprendre le fascisme si l'on ne se rappelle d'abord que l'Italie, en 1915, était entrée dans la guerre après un conflit violent entre les « neutralistes » et les « interventionnistes ». Ceux-ci l'avaient emporté. D'Annunzio le poète avait triomphé du subtil Giolitti,

Après la victoire, les neutralistes restés dans la place croyaient bien que les choses allaient reprendre l'ancien cours. Mais ils n'avaient plus ni crédit ni autorité. Ils étaient même alliés à tous les éléments de désordre. On ne gouverne pas un pays avec les pires contre les meilleurs. L'anarchie montait, L'Etat « démocratico-libéral » se décomposait. L'Italie était mûre pour une dictature soit

131

bolchéviste, soit nationaliste. Il ne s'agissait plus que de savoir qui donnerait le « coup de poing au paralytique »,

De l'instinct de conservation naturel aux hommes et aux sociétés, naquit le fascisme, élément de résistance contre les forces de mort qui menaçaient l'Italie.

Cette réaction qui avait fait défaut à la Russie de 1916, naquit en Italie du sentiment de l'histoire, des souvenirs de la Rome antique et de la dictature de salut public dont elle a toujours été la patrie. D'ailleurs, ce ne fut pas une création spontanée. Au moment de la marche sur Rome, il y avait exactement huit ans que Mussolini préparait la conquête du pouvoir.

*

Fils d'un forgeron de village militant socialiste, Benito Mussolini avait eu l'ambition d'être instituteur. A seize ans, il est maître d'école. Comme il mêle à son enseignement de la propagande révolutionnaire, il est bientôt révoqué, ce qui ne le réconcilie pas avec la société bourgeoise.

Pour gagner sa vie, il émigré en Suisse où il exerce, entre autres métiers, celui de maçon, sans cesser de s'intéresser à la politique. Il cache si peu ses opinions subversives que les autorités fédérales lui interdisent d'habiter certains cantons. Comme son activité redouble, en dépit de l'avertissement donné, on l'expulse de la Confédération.

Dans sa vie de militant, il a déjà pu observer qu'il existe deux sortes de révolutionnaires : ceux qui servent la révolution et ceux qui s'en servent pour « arriver » et pour s'enrichir. Passionné pour les idées, il ressent le plus grand dégoût pour ceux qu'il appelle « les parasites » des luttes sociales. Son aversion pour les politiciens date de là.

Enfant du peuple, pénétré des doctrines marxistes, il rêve d'arracher le prolétariat à la domination bourgeoise et de lui donner de meilleures conditions de vie. Après son service militaire aux bersaglieri de Vérone, où il subit plus d'une fois les rigueurs de la discipline militaire, une sorte de croissance intellectuelle le pousse à s'expatrier de nouveau. Son instinct le conduit en terre « irrédimée », à Opaglia, dans le Trentin, encore possédée par l'Autriche. C'est là qu'il rencontre l'homme par qui sa destinée va changer : Cesare Battisti.

Socialiste comme Mussolini, Cesare Battisti brûlait de patriotisme. Les Autrichiens ont probablement comblé ses vœux en le pendant : il aura vu une promesse de victoire dans le martyre. Né à Trente, il avait fait toutes ses études à Florence et, revenu dans son pays natal, n'avait cessé d'y entretenir un foyer d'italianisme exalté. D'un savoir infiniment plus solide et plus vaste que son nouveau compagnon, il acheva la formation intellectuelle de Mussolini et le persuada que ses idées sociales étaient parfaitement compatibles avec l'ambition d*une plus grande Italie, si même elles n'en étaient pas le moyen.

Ce mélange de nationalisme et de socialisme, c'est l'originalité de Mussolini. C'est ce qui explique son action. C'est la clef.

Battisti a ouvert à son disciple les colonnes d'un journal de Trente qu'il dirige, le Popolo, Mussolini y montre tant de violence qu'il est bientôt expulsé par la police. Mais ce retour d'Autriche ne ressemble pas au retour de Suisse. Mussolini est accueilli par les socialistes milanais qui lui confient la direction de leur journal, l'Avanti. Conseillé par Battisti, Mussolini fait campagne pour la prise du pouvoir par le socialisme, où il croit voir un instrument de régénération nationale. De 1912 à 1914, il travaille à organiser les masses ouvrières et les exhorte à se lancer à l'assaut de la bourgeoisie. C'est un agitateur marxiste mais patriote qui se refuse à agir pour le compte d'une internationale.

En juin 1914, il croit tenir l'occasion. A la suite d'une bagarre survenue à Ancône, trois ouvriers sont tués par la police. En quelques jours, l'Italie ouvrière est en feu. Presque partout la grève générale est proclamée, suivie de désordres graves. Il doit suffire d'exalter la résistance et la Révolution sera maîtresse du pays. Mussolini, qui se croit certain de la victoire, insiste pour que le mouvement soit poursuivi. Mais, à sa stupeur, les dirigeants du parti refusent de le suivre, ils reculent devant l'émeute. Bien mieux, les organisations ouvrières, savamment manœuvrées par les « parasites », décrètent la reprise du travail. La vieille société bourgeoise et son gouvernement triomphent.

A peine Mussolini a-t-il eu le temps de s'indigner de la trahison des chefs socialistes que la Grande Guerre éclate. Non seulement le patriote frémit, mais encore le socialiste. La guerre seule peut affranchir les terres séparées de la patrie. Elle doit permettre aussi l'émancipation sociale, par le souffle d'un esprit révolutionnaire, un esprit vivant, tandis que celui qui ne vient que des livres est mort.

Tout de suite, le directeur de l'Avanti est pour l'intervention. Il est poussé dans cette voie par Battisti qui a lui aussi saisi la conjoncture et dont le sang de patriote irrédentiste s'est enflammé. Au sein du parti socialiste, ils engagent une violente campagne pour l'abandon de la neutralité.

De nouveau, comme en juin, l'action de Mussolini est arrêtée par les théoriciens et les politiciens de son parti, restés fidèles à la social-démocratie allemande. Alors, sa colère éclate ; il s'emporte contre les « idéologues émasculés » capables de sacrifier la chance unique de la nation italienne à leurs dogmes.

En octobre, à Bologne, au congrès socialiste, il prononce un discours violent, demandant l'intervention. Pour lui fermer la bouche, les pontifes socialistes lui retirent la direction de l'Avanti. Ainsi, pensent-ils, privé de sa tribune, il sera moins dangereux. A cette exclusion, Mussolini riposte par la fondation d'un nouveau journal, au titre symbolique : le Popolo d'Italia, le Peuple d'Italie, qui porte en sous-titre : « quotidien socialiste ».

Cet acte de rébellion ouverte entraîne sa radiation définitive. Auparavant, il a présenté sa défense devant une salle houleuse. Quand il paraît à la tribune, il est accueilli par une clameur : « A bas Mussolini ! » Il reste calme et, ayant dit ses raisons et son espérance, il conclut dans un mouvement pathétique i « Je vous dis qu'à partir de ce moment, je n'aurai aucune rémission, aucune pitié pour tous les hypocrites, pour tous les lâches. Si vous croyez m'exclure de la vie publique, vous vous trompez. Vous me trouverez devant vous vivant et implacable. »

Le soir même, il écrivait dans son journal : Le cas Mussolini n'est pas fini, Il commence.

*

Dès son exclusion du parti, dans les dernières semaines de 1914, Mussolini fonde les Faisceaux d'Action révolutionnaire. En janvier 1915, il a réuni cinq mille, adhérents. Le programme des Faisceaux est simple t entraîner par tous les moyens l'Italie dans la guerre contre les Empires centraux, Aux côtés du nationaliste d'Annunzio, du syndicaliste Corradoni, le socialiste Mussolini mène l'ardente campagne qui aboutit à la déclaration dé guerre à l'Autriche.

Le chef des Faisceaux la salue comme une délivrance, En lui, sans qu'il s'en soit avisé, la fibre nationaliste a déjà pris le dessus sur la fibre socialiste. Le 22 mai 1915, jour de la mobilisation italienne, il écrit : « Nous avons souffert les dernières années dans le mépris et la commisération générale… Maintenant sonne la belle heure de toutes les revendications, l'heure qui sera le commencement d'une ère nouvelle pour notre pays, l'heure d'une grandiose épreuve après laquelle, une fois la confiance reconquise en nous-mêmes, nous deviendrons les égaux des autres peuples dans la bataille de l'avenir et les compétitions du travail. » Et le lendemain, jour de la déclaration de guerre, il a ce cri du plus pur amour de la patrie : i « Nous t'offrons, ô mère Italie, sans peur et sans regrets, notre vie et notre mort. »

Peu s'en faut que le destin n'accepte son sacrifice. Caporal de bersagliers, Mussolini reçoit, en février 1917, vingt-quatre éclats de grenade dans le corps.

Devenu inapte au service de l'avant, il reprend la direction de son Popolo d'Italia, lutte contre les défaitistes de toute espèce qui souhaitent une paix honteuse pour l'Italie, et pense à regrouper les Faisceaux que la mobilisation a dispersés.

Les événements d'octobre 1917, le désastre do Caporetto le mettent à la torture, mais il est de ceux qui refusent de désespérer. « Nous voulons, nous devons vaincre, et nous vaincrons », écrit-il le 2 novembre. Et chaque jour, jusqu'à l'armistice de Vittorio Veneto, il soutient les courages et prêche la résistance.

*

Nulle part autant que dans le petit groupe des amis qui l'entourent, les déceptions que la paix apporte à l'Italie ne sont aussi profondément ressenties. En 1919, la situation économique est lamentable. Les organisations socialistes, soucieuses d'exploiter à leur profit la misère et le mécontentement, obsédés par l'exemple de la révolution russe et encouragées par la faiblesse du gouvernement Orlando, poussent les masses italiennes à la grève, au sabotage, à l'émeute.

Les anciens combattants sont démobilisés sans grandeur. Rentrés chez eux, beaucoup éprouvent les plus graves difficultés à retrouver un emploi. Les paysans, à qui l*on avait promis de distribuer des terres, ne voient rien venir que la mévente de leurs produits et une situation pire que celle d'avant la guerre.

Chaque soldat rentré chez lui pensait que la guerre n'avait été qu'une immense duperie pour ceux qui l'avaient faite. Une haine sourde mais tenace mordait le cœur des anciens combattants contre les classes dirigeantes, contre les politiciens qui revenaient à leurs vieilles habitudes et se montraient incapables de tirer parti de la victoire. La différence entre l'exaltation de la vie guerrière, du sacrifice quotidien, et l'asphyxie morale que les événements de 1919 faisaient peser sur la jeunesse italienne était trop grande pour ne pas provoquer une de ces ruptures d'équilibre qui engendrent les révolutions.

Mussolini sent tout cela, comme il sent le bouillonnement des masses ouvrières, de plus en plus sensibles à la propagande de Moscou. Mais pour aussi révolutionnaire qu'il soit, cette révolution-là, la révolution communiste, il n'en veut pas. Il sait ce qu'on en peut attendre i la ruine définitive de l'Italie. Ce qu'il faut, c'est diriger dans un même sens les deux courants révolutionnaires : le courant « ancien combattant » et le courant populaire, en prendre la tête, puis les fondre dans un mouvement unique. Dès le début du printemps de 1919, le Popolo d'Italia entreprend de procéder à ce rassemblement.

Dès l'abord, Mussolini pose le problème en termes clairs : « Nous n'avons pas besoin d'attendre la révolution comme le fait le troupeau des gens munis des cartes de partis. Le mot ne nous effare pas non plus, comme il arrive au médiocre peureux qui est resté avec un cerveau de 1914. Nous, nous avons déjà fait la révolution en mai 1915. »

Ainsi, en rappelant la campagne « interventiste », il force l'attention des anciens combattants et, par son affirmation d'une révolution désirée, celle de tous les Italiens lésés qui souhaitent que « ça change ».

Pour préciser mieux encore, la manchette du Popolo est modifiée. Le « quotidien socialiste » se transforme en « Organe des Combattants et des Producteurs ».

Le 6 mars 1919, Mussolini annonce qu'il va créer une nouvelle formation politique qui sera le lieu de rencontre de tous les mécontents.

« Le 23 mars, écrit-il, sera créé l'antiparti, c'est-à-dire les faisceaux de combat (le mot révolutionnaire a disparu) qui feront face à deux périls : celui qui est né de la peur du nouveau, celui de la droite et celui qui est destructeur, celui de la gauche. »

Il reçoit cinq cents adhésions. A la première réunion des Faisceaux, moins de cent cinquante personnes sont présentes : officiers, écrivains, étudiants, paysans dont les opinions vont d'un nationalisme farouche à un syndicalisme exalté. C'est un microcosme parfait de ce que seront les troupes fascistes.

Toute la presse, à l'exception d'un seul journal, passe la réunion sous silence, Rentrés chez eux, les congressistes se mettent au travail, Chacun réunit un, deux, trois amis ou camarades qui forment l'embryon du faisceau. Un travail intense de propagande se développe et reçoit un magnifique adjuvant de l'occupation de Fiume par d'Annunzio. Le Popolo prend nettement position en faveur de l'occupation de la ville, alors que toute la presse hésite. Le résultat est immédiat : toute la jeune opposition nationaliste est gagnée aux Faisceaux. En octobre, le premier congrès fasciste en accuse cent trente-sept de formés avec 20.395 membres inscrits. Ce résultat avait été obtenu en six mois.

La décomposition politique de l'Italie allait en multiplier le nombre,

Les élections du 16 novembre 1919 amènent à la Chambre 156 socialistes, 100 « popolari » ou démocrates chrétiens, 30 radicaux, 8 républicains et 220 libéraux. Mussolini, candidat à Milan, n'a pas été élu. Les « rouges » se croient sûrs de prendre bientôt le pouvoir.

Le 3 décembre, la grève générale est à nouveau proclamée. On se tue dans les rues de toutes les grandes villes. L'anarchie est à son comble, l'armée est attaquée dans ses casernes, les officiers victimes d'agressions en plein jour. Les ministères successifs abdiquent devant la révolution qui monte, fomentée avec l'argent de Moscou.

De juillet à la mi-septembre, Ancône, Livourne, Milan, Bologne voient se dérouler des troubles sanglants où les morts se comptent par dizaines et les blessés par centaines.

Dans les campagnes, les chefs révolutionnaires réquisitionnent argent et vivres chez les agriculteurs et les propriétaires, massacrant et torturant ceux qui refusent de livrer leur magot et leur bétail.

Toute plainte adressée à Rome est vaine. Les ministres refusent d'intervenir. Au Parlement, on se terre et l'on parle. La monnaie tombe, la vie augmente. Chacun se demande où l'on va.

Le 29 août 1920, la Fédération italienne des ouvriers métallurgistes donne à ses adhérents l'ordre d'occuper les usines, premier pas vers le grand soir. Le 30 au matin, l'occupation commence et le drapeau rouge est fixé aux hampes des paratonnerres. Les directeurs et les ingénieurs sont séquestrés, ainsi que leurs familles, pour servir d'otages. La mise eh état de défense s'organise ; réseaux de barbelés et tranchées sont installés, d'où l'on pourra tirer sur les troupes royales. Des soviets sont constitués dans toutes les entreprises, les boutiques d'armurerie pillées, des stocks d'armes constitués. C'est la lutte finale…

Le gouvernement ne bouge pas ou, quand il réagit, c'est dans le mauvais sens, comme à Gênes où la troupe, attaquée, ayant fait usage de ses armes, se voit punie pour s'être défendue.

La révolution triomphe, avec son cortège ordinaire de misères et de sang. La seule force qu'elle rencontre, ces sont les membres des Faisceaux. Trop peu nombreux pour engager des actions de masse, ils pratiquent la guérilla, dans les campagnes d'abord, où ils aident les paysans à se défendre contre les exactions des « tyrans rouges », puis dans les grandes agglomérations où ils s'efforcent, par une propagande intelligente, de galvaniser les honnêtes gens.

Cette propagande, ils la soutiennent de coups de main hardis, bien préparés, prestement exécutés. Leurs adversaires devinent en eux les plus dangereux des ennemis. Aussi tout leur effort de défense se porte-t-il contre eux, Une chasse implacable est faite aux chemises noires. Dès la fin de l'année 1920, il n'est pas de semaine où fascistes et révolutionnaires ne s'affrontent, aussi bien en escarmouches qu'en batailles rangées. La liste des fascistes tués s'allonge, mais chacun d'eux apporte à la cause pour laquelle il est tombé un surcroît de force et de prestige. Les adhésions aux Faisceaux se multiplient.

Le mouvement fasciste progresse tous les jours parce qu'on s'est enfin aperçu qu'il est seul capable d'empêcher la bolchevisation totale de l'Italie.

Mussolini et ses premiers compagnons ont dû fournir un labeur écrasant pour organiser le mouvement qui, dès le début de 1921, a pris une ampleur extraordinaire.

En avril 1921, au congrès régional de l'Emilie, 20.000 chemises noires défilent devant leur chef et l'acclament, Deux jours après, à Ferrare, 50.000 paysans fascistes le portent en triomphe. Le fascisme, né d'une élite, est maintenant un mouvement populaire.

Il ne lui manque plus que de posséder une tribune d'où sa doctrine puisse être exposée, ses appels entendus, son programme tracé » sans qu'il soit possible d'exercer contre lui la conspiration du silence. Le gouvernement, sans s'en douter, lui offre cette tribune, celle du Parlement.

Le président du Conseil Giolitti ayant décidé de faire de nouvelles élections, 35 députés fascistes entrent à Montecittorio. Mussolini, élu à la fois à Milan et à Bologne, commande leur petit groupe.

Dès l'abord, il révèle son habileté sur le terrain parlementaire. Il use, pour affirmer l'intransigeance de ses principes, d'expressions modérées et, sans donner aucun gage, trouve le moyen de se concilier catholiques et incroyants, royalistes et républicains patriotes.

A la Chambre comme dans le pays, le rassemblement s'opère au nom seul de la patrie. Devant le danger qui monte, chacun immole ses préférences au salut de l'Italie.

Bien plus, toute une partie des troupes socialistes, découragée par l'attitude de ses dirigeants, commence à se rappeler l'ancienne activité du camarade devenu le chef du fascisme, et à se demander si l'émancipation du prolétariat ne pourrait pas venir par lui. Mussolini, exactement informé de cet état d'esprit, en saisit toute l'importance. Les troupes fascistes peuvent voir leurs effectifs doubler d'un seul coup et l'influence des Faisceaux devenir prépondérante dans l'État, Aussi bien, il n'hésite pas. Le 3 août, il signe une espèce de traité de paix avec les socialistes et la C. G. T. italienne, De nombreux Faisceaux murmurent, ne comprenant pas la pensée du chef. Celui-ci tient bon et, à la fin, fait approuver sa décision qui est suivie d'adhésions en masse. Le gouvernement assiste impuissant à cette constitution d'un État dans l'État.

En raison de l'ampleur du mouvement, l'organisation un peu sommaire des Faisceaux de combat doit maintenant se transformer en un parti organisé, hiérarchisé. C'est l'objet du congrès qui s'ouvre à Rome en octobre. Mussolini y apparaît déjà un peu un dictateur, chef suprême de 2.200 faisceaux réunissant 310.000 membres inscrits, dont la plupart comptent moins de trente ans.

Le programme du parti est répandu à des millions d'exemplaires. Il peut se résumer ainsi :

Réforme de l'Etat par la décentralisation ; restriction des attributions parlementaires aux problèmes qui intéressent l'individu comme citoyen de l'État et l'État comme organe de réalisation et de protection des suprêmes intérêts de la nation ; création d'un système de corporations ; restauration du prestige intérieur de l'État ; affirmation des droits de l'Italie à sa complète unité historique et géographique même là oh elle n'est pas encore atteinte ; reconnaissance de la propriété privée ; mesures sociales propres à faire disparaître la lutte de classes par la reconnaissance juridique des organisations ouvrières et patronales avec les responsabilités qui en dérivent ; mesures de tous ordres destinées à assurer à tous ceux envers qui l'Etat a contracté une dette, anciens combattants, mutilés, fonctionnaires, l'exécution de ses engagements.

Ainsi, en face d'un pouvoir central qui s'abandonnait, le Parti National Fasciste dressait un plan de réformes positives propre à satisfaire tous ceux des Italiens qui ne se résignaient pas à la décadence de leur pays.

*

En cette année 1922, les ministères tombent à Rome comme des capucins de cartes. Le roi a toutes les peines du monde à trouver des présidents du Conseil. La crise qui suit la chute du cabinet Bonomi, le 2 février, dure vingt-deux jours ! Ce spectacle d'impuissance précipite le mouvement d'adhésion au fascisme. De la droite à la gauche, chacun est maintenant persuadé que toute solution parlementaire est vouée à l'échec.

Cependant, les fascistes ne se complaisent pas dans une opposition de principe. Partout où ils le peuvent, ils se substituent aux pouvoirs publics défaillants, frappant ainsi les imaginations et assurant leur autorité sur les masses. En fait, ils sont déjà les maîtres,

Cependant, ce qui reste de troupes aux partis extrémistes de gauche ne se résigne pas à abandonner la lutte, La trêve signée entre Mussolini et Turati est pratiquement dénoncée, Chaque jour voit de nouveaux attentats. Les fascistes ripostent par leurs fameuses expéditions punitives. Bien mieux, ils n'hésitent pas à occuper des villes entières pour les soustraire aux entreprises des socialistes désireux d'y venger leurs échecs. Le ministère Facta, incapable de s'opposer par la force à ces grands rassemblements, feint de s'en désintéresser, avec l'espoir secret qu'un heureux hasard le délivrera de ces agités de fascistes, Il tombe le 19 juillet, Jusqu'au 1° août, l'Italie reste sans gouvernement.

Les socialistes jouent leur dernière carte en proclamant encore une fois, le 31 juillet, la grève générale, La riposte de Mussolini arrive, foudroyante, Il mobilise tous ses Faisceaux et publie cette mise en demeure :

Nous donnons quarante-huit heures à l'État pour qu'il prouve son autorité en face de ceux qui dépendent de lui et en face de ceux qui attentent à l'existence de la nation. Passé ce délai, le fascisme revendiquera pleine liberté d'action et se substituera à l'État qui aura démontré son impuissance.

Fascistes de toute l'Italie, à nous !

Partout, les fascistes prennent la place des grévistes. L'ordre règne dans les grandes villes grâce aux patrouilles de chemises noires. Les contre-manifestants sont fossés, En huit jours, la grève est brisée. Les fascistes ont éliminé de la lutte les dernières forces socialistes. Les ouvriers réfractaires eux-mêmes ne croient plus à leurs chefs et beaucoup d'entre eux rallient les Faisceaux où ils retrouvent des compagnons.

De ce jour, le régime parlementaire est définitivement condamné. M. Facta a eu beau former un autre ministère, Mussolini lance contre lui l'exclusive, « Nous sommes fatigués de voir l'Italie gouvernée par des hommes qui oscillent perpétuellement entre la négligence et la lâcheté. »

Le gouvernement répond en offrant à Mussolini de participer au pouvoir. On eût donné aux fascistes quelques ministères sans portefeuille et des sous-secrétariats d'État. Leur chef refuse. Il exige les Affaires étrangères, la Guerre, la Marine, le Travail et les Travaux publics ; il ajoute qu'il est assez fort pour les prendre. Et c'est vrai.

A Naples défile sous ses yeux une armée véritable, furieuse d'enthousiasme, « A Rome ! A Rome ! » crient les légions en tendant le poing. L'heure sonne, celle que le Duce (titre que ses troupes lui ont donné) attend depuis vingt ans. Rentré à Milan, il adresse à Facta, qui achève de se perdre dans le marécage parlementaire, un ultimatum qui lui laisse quarante-huit heures pour se démettre. Facta esquisse une vague résistance. A Rome, le Mont Mario reçoit quelques canons et les ponts du Tibre sont barrés de chevaux de frise. Le roi rentre rapidement de San Rossoro. De tous les points du territoire arrive la nouvelle que des colonnes fascistes marchent sur la capitale. Facta demande au souverain de signer le décret proclamant l'état de siège. Victor-Emmanuel refuse. Il sait ce que représente le fascisme et que l'avenir de l'Italie est là, Deux jours après, le 29 octobre 1922, mandé au Quirinal, Benito Mussolini accourait de Milan et recevait du roi la mission de former le ministère. Le fascisme triomphait.

/ *

Depuis cette date, l'histoire de la dictature mussolinienne est assez connue pour que nous nous bornions à en rappeler les faits essentiels : lutte victorieuse contre les « popolari » ; les élections de 1924 où les fascistes obtiennent cinq millions de suffrages contre deux recueillis par leurs adversaires ; l'affaire Matteoti, qui faillit ébranler le régime nouveau ; la rupture avec le Parlement et les ministres libéraux qui aboutit à la fameuse circulaire du 6 janvier 1927, premier acte de la dictature absolue. Elle supprimait d'un trait de plume (appuyé par des baïonnettes) toute espèce d'opposition.

Disposant d'une autorité comparable à celle des dictateurs de la Rome, antique, le Duce l'a tout entière consacrée au relèvement de son pays. Politique réaliste, il a, au contact des choses, abandonné ce que sa doctrine pouvait avoir d'exagérément théorique pour l'adapter aux nécessités de la politique vivante.

En treize ans, Mussolini a profondément transformé l'Italie et en a fait la grande puissance que ses fils les plus ambitieux osaient à peine imaginer.

Cette restauration a été poursuivie dans tous les domaines, politique, économique, social, maritime, militaire Un peuple entier en a été l'artisan, car elle n'a pu s'accomplir qu'au prix de sacrifices généraux bénévolement consentis. Comme l'écrivait en 1932 Mussolini lui-même, « la vie telle que le fascisme la considère doit être sérieuse, austère, religieuse, soutenue par la force morale ».

Cette force existe, Elle est indiscutable. Elle a pris la forme d'une sorte de religion, ce qui ne va pas sans dangers.

Plus on a suivi, avec l'attention et la sympathie qu'on doit aux nobles entreprises, l'ascension du dictateur italien, plus on doit souhaiter que cet élan de tout un peuple ne finisse pas par lui masquer les écueils auxquels une révolution expose, et le fascisme est, avant tout, une révolution. Ceux qui en souhaitent l'imitation par la France feront bien d'y réfléchir. L' « économie corporative » inventée par Mussolini paraîtrait monstrueuse à nos bourgeois et à nos commerçants grands et petits. Avant de songer à copier, il faut savoir ce que l'on copie. Le coq gaulois n'a pas ce qu'il faut pour téter la louve Romaine.

PRIMO DE RIVERA OU LA DICTATURE MANQUÉE

La fructueuse neutralité de l'Espagne dans la guerre européenne avait amené une prospérité que ce pays ne connaissait plus depuis plusieurs siècles, Gagner de l'argent est une chose et le conserver en est une autre, Les Espagnols, qui avaient commis l'erreur de placer leurs bénéfices en Allemagne, en firent l'expérience avec le mark allemand dont l'effondrement coûta environ quatre milliards de pesetas.

Du jour au lendemain, tout se trouva beaucoup moins facile, et les déceptions de cette période amère engendrèrent à leur tour une crise morale et sociale,

On vit fleurir une espèce de « gangstérisme », surtout en Catalogne, à Barcelone, grande ville industrielle où dé nombreux éléments sont toujours disposés à là révolution ou plutôt à l'anarchie,

Vers 1922, un gouvernement de politiciens à l'ancienne mode, MM. Santiago Alba, l'actuel président des Cortès, et Garcia Prieto, avait annihilé, par inertie libérale, par des compromissions à gauche, toute velléité de résistance au désordre. La faiblesse du gouvernement laissait le pays sans défense devant les menaces et les premières manifestations révolutionnaires.

Dans la seule année 1923, trois cent vingt-cinq patrons furent assassinés en Catalogne ; le gouverneur de Barcelone, l'archevêque de Saragosse subirent le même sort.

Ces massacres organisés provoquèrent une réaction militaire menée par un homme énergique, le général Martinez Anido, qui ne sut malheureusement pas imposer son autorité. Il se borna à quelques représailles, sans oser renverser un régime entièrement pourri, La cause du mal subsistait.

C'est alors qu'en septembre 1923 le général Primo de Rivera, capitaine général de la Catalogne, d'accord avec d'autres généraux, Berenguer, Saro, Daban, le duc de Tetuan, le marquis de Cavalcanti, et la plus grande partie de l'armée, se résolut à un coup de force,

De 1920 à 1923, Primo de Rivera avait été témoin, à Valence et à Barcelone, des progrès du terrorisme et de l'apathie croissante du gouvernement. L'assassinat d'un sous-officier par un jeune soldat désigné pour le Maroc, en marque de protestation contre cette guerre, ce qui avait suffi pour faire suspendre les embarquements, mit le comble à son indignation de soldat.

Primo adressa un manifeste à tous les capitaines généraux de la Péninsule et un appel à la nation, Le 14 septembre, il quittait Barcelone et arrivait à Madrid où le roi, l'ayant reçu à la gare, le chargeait de former un gouvernement.

Comme il arrive souvent, il fut plus difficile de tenir la position que de s'en emparer. Après avoir surpris, le général était surpris à son tour, car il sentit, dès le premier moment, qu'il était aussi faible administrateur que loyal soldat.

On a défini très justement Primo de Rivera « un dictateur doux aux manières brusques », Il se montra à la fois plein de bonhomie et impatienté par la contradiction. Il disait lui-même qu'il était pour une « dictature libérale », comme si les deux mots ne s'excluaient pas.

A la vérité, il n'avait ni principes, ni doctrine, ne savait pas très bien où il allait, encore moins où il voulait aller, et manquait de confiance en lui-même. C'était un dictateur trop bien élevé et trop délicat.

On rapporte que Mussolini, dans la première entrevue qu'il eut avec le général, lui reprocha d'avoir commencé par déclarer que sa dictature était provisoire, Il aurait pu lui reprocher surtout, car c'en fut peut-être la plus grande faiblesse, de n'avoir pas su prendre d'appui sur le sentiment national, d'avoir été trop matérielle. Les pouvoirs forts de notre temps, ceux que porte la vague populaire, sont nationalistes, chose dont l'Espagne, du moins à ce moment-là, était à peu près incapable.

Du reste, Primo était un Andalou, avec les qualités et les défauts de son pays. Charme, intelligence, esprit, adresse indéniables étaient contrebalancés par une légèreté, une désinvolture, un scepticisme qui ne sont pas le fait d'un homme d'État condamné à tenir la barre. Il ressemblait un peu à ces toreros de sa province qui, la corrida terminée, ne songent plus qu'à l'amour.

Très caballero au sens castillan du mot, il se montra encore un peu trop « cavalier » au sens français. Il avait la plume aussi facile que la parole, et comme il rédigeait lui-même articles de journaux, notes officielles et décrets, à la hussarde, sans se relire, cette facilité n'alla point sans quelques inconvénients.

C'était un militaire, avec les qualités et les défauts de son état. Le courage, l'honneur, la loyauté, la probité, la droiture... On pourrait lui appliquer tous les termes qui conviennent à un soldat exemplaire, car il se dévoua jusqu'à l'épuisement à son roi et à sa patrie.

Mais, il faut bien le dire, les idées lui semblaient étrangères. Son œuvre resta matérielle et n'atteignit jamais les esprits, Jamais il n'obtint l'audience des intellectuels de son pays et, en dépit de sa bonne volonté, il ne réussit pas à vaincre l'impopularité qui dressait contre son gouvernement la jeunesse des Universités. Or, bonnes ou mauvaises, les révolutions commencent généralement là. On n'est pas vainqueur des idées en voulant les contraindre, encore moins si on ne leur oppose pas d'autres idées, C'est la véritable raison pour laquelle le général échoua, Pour venir à bout des idéologues, il ne faut pas trop manquer de philosophie,

Néanmoins, le gouvernement de Primo de Rivera accomplit une œuvre considérable i rétablissement de la sécurité, de l'ordre public, du crédit et de la confiance ; réorganisation de l'activité nationale, dont bénéficièrent à un si haut degré les classes ouvrières ; régularisation des budgets ; construction de magnifiques routes modernes ; développement du tourisme étranger ; et, à l'extérieur, conquête d'Alhucemas, rapide et effective pacification du Maroc.

Quelques années suffirent à l'accomplissement de cette œuvre. Quand elle fut terminée, le dictateur se trouva devant le vide. Il ne sut pas s'en aller à temps. Alors, comme don Quichotte, il partit en guerre contre tout, inconsidérément. Il multiplia les brimades et les amendes, s'aliéna la presse, supprima le Tribunal suprême. Enfin, il inventa une Assemblée Nationale, caricature du Parlement, avec des scrupules de légalité.

La dictature ressuscitait le parlementarisme ! C'était l'Empire libéral. Il y avait un peu de Napoléon III, c'est-à-dire un peu de nonchalance, de doute de soi-même, de condescendance pour les idées de l'adversaire chez ce dictateur qui donnait l'impression de ne pas croire à la légitimité de sa dictature. L'opposition se sentit encouragée. Bientôt l'armée, l'Université et le monde des affaires se trouvèrent unis pour faire échec aux projets du général.

Dans l'armée, ce fut, selon la tradition espagnole depuis un siècle, l'artillerie qui mena la révolte ; l'arme à deux tranchants du pronunciamento se retourna contre Primo de Rivera.

Pour lutter contre l'opposition qu'il sentait plus forte chaque jour, le dictateur donna dans une des plus lourdes erreurs politiques modernes : l'étatisme et la centralisation. C'était se vouer au suicide.

Primo de Rivera, qui avait cru supprimer le séparatisme en interdisant les libertés provinciales, le fortifia en refusant aux régions l'autonomie traditionnelle qu'elles demandaient. Il méconnut la formule en dehors de laquelle il n'y aura jamais de paix intérieure pour l'Espagne : un pouvoir fort et des autonomies.

Ce manque d'idées, de principes, de doctrine et de programme politique ne pouvait permettre au dictateur de résister à la coalition qui se dressait contre lui. Une obscure histoire de monopole des pétroles permit de l'attaquer ainsi que son entourage et de mener une campagne d'agitation. L'hallali de la dictature commençait

Finalement, Primo de Rivera fut victime d'une révolution de palais. L'aristocratie lui porta les derniers coups. Les grands, l'entourage du roi, la Cour, demandèrent son renvoi, ne voyant que ses défauts et oubliant trop facilement et trop vite qu'il leur avait probablement sauvé la vie.

En janvier 1930, Primo quittait l'Espagne pour Paris où il mourut subitement deux mots plus tard.

D'une collaboration de la couronne et de la dictature, un ordre espagnol nouveau aurait pu naître. Alphonse XIII n'avait jamais été de cœur avec le général. Il l'abandonna pour retourner à l'ancien parlementarisme espagnol, à ce système « rotatif » qui était si commode, mais artificiel, et qu'il fut impossible de restaurer. Par toutes ces fausses manœuvres, la monarchie s'affaiblissait. La dictature manquée n'avait laissé derrière elle qu'un surcroît de désordre. Trois ans après la disgrâce de Primo, Alphonse XIII se trouva seul et désarmé devant la révolution triomphante.

L'échec ne doit pas faire oublier les bienfaits de la dictature de Primo de Rivera. Elle laissera le souvenir d'une époque heureuse, florissante et digne pour l'Espagne. Lui-même gardera dans l'histoire une figure sinon grande, du moins honorable. Mais on ne s'établit pas dictateur avec de trop bonnes manières et des gants blancs.

OLIVEIRA SALAZAR RÉFORMATEUR DU PORTUGAL

De tous les États européens, le Portugal est certainement celui qui avait donné, pendant trente ans, les signes de l'anarchie la plus tenace.

Le premier, dès la fin du XIX° siècle, il avait connu les désordres de l'inflation monétaire.

Le 1° février 1908, un attentat exécuté par les carbonari, et fomenté par la franc-maçonnerie, coûtait la vie du roi Carlos Ier et du prince héritier don Luis, assassinés aux côtés mêmes de la noble reine Amélie, fille de France.

Ce drame avait hâté la décadence du Portugal. Le roi Manuel, âgé de dix-huit ans, qui succédait à don Carlos, ne pouvait rétablir l'autorité. En octobre 1910, un coup d'État maçonnique renversait le jeune roi et proclamait la République. Dès lors, le pays était voué à la persécution religieuse, aux émeutes, aux détentions arbitraires, aux attentats, au pillage dans tous les domaines Durant la guerre, un patriote, le président de la République Sidonio Paës, s'érigea en dictateur avec l'appui de l'armée et de la faveur populaire, et tenta aussitôt une œuvre efficace de redressement. Mais il fut tué à la fin de 1918 dans la gare de Lisbonne par deux hommes de main du carbonarisme. Le Portugal retomba dans une période de désordres, aggravée par l'agitation communiste.

En mai 1926, alors que le pays arrivait au dernier degré de la décomposition politique, un homme surgit, le maréchal Gomez da Costa, brillant soldat d'Afrique et du front français, qui lança un appel aux armes, forma avec le général Carmona et le général Cabecacle un directoire militaire, et marcha sur Lisbonne. En quelques jours, le directoire se rendit maître de la capitale, puis lança une proclamation annonçant que le pays répudiait la tyrannie des parlementaires irresponsables et allait se donner une représentation nationale conformé à ses intérêts.

La dictature militaire rétablit l'ordre dans la rue. Pour le reste, son programme était trop court et trop vague. Elle ne parvint pas à éviter l'instabilité ministérielle et se montra incapable d'arrêter la débâcle financière pour laquelle, au milieu de 1928, on ne trouva plus d'autre expédient qu'un recours à la Société des Nations. Celle-ci consentit un prêt, mais à la condition qu'elle contrôlerait désormais toutes les finances du Portugal. Le pays repoussa l'idée d'une telle déchéance.

*

C'est alors qu'on se souvint d'Oliveira Salazar, professeur éminent mais modeste de l'Université de droit de Coïmbra. Agé de quarante ans à peine, Salazar avait été député en 1921, mais avait quitté le Parlement dès la première séance. Il avait cependant accepté le portefeuille des Finances dans une des combinaisons éphémères de 1926 et l'avait gardé trois jours !

151

Le 26 avril 1928, par pur patriotisme, Salazar, cédant aux objurgations du gouvernement, accepte le ministère des Finances. Il avait posé comme condition absolue qu'il aurait le contrôle de toutes les dépenses et qu'aucun autre ministre ne pourrait prendre une décision financière sans s'être entendu avec lui.

Il annonce dans sa proclamation : « Les principes rigides qui vont orienter notre travail commun montrent une volonté décidée de régulariser une fols pour toutes la vie financière et la vie économique de la nation… Il me faut dans cette tâche difficile la confiance absolue mais calme et sereine du pays. Je sais exactement ce que je veux et où je vais. Je donnerai au pays tous les éléments nécessaires pour apprécier au fur et à mesure la situation. Que le pays discute, que le pays étudie, que le pays fasse des représentations, mais que le pays obéisse lorsque j'ordonnerai. » Il ajoute qu'il n'a personnellement aucun goût du pouvoir, qu'il l'accepte pour rendre service au Portugal, mais que si on l'entrave dans ses devoirs, il retournera immédiatement à Coïmbra et à ses études.

C'était aussi net que bref. Ce professeur avait parlé en véritable homme d'État. On en passa par où il voulait.

Mais Salazar, à la différence des autres, avait une doctrine. Il a été fortement influencé par les idées de Charles Maurras. Il a déclaré lui devoir la notion du « Politique d'abord », l'idée de l'État fort, la distinction entre la démophilie et la démocratie. « C'est parce que nous aimons le peuple, dit Salazar » que nous ne voulons pas, nous, que le gouvernement soit éparpillé sur toutes les têtes. »

Les autres principes essentiels de Salazar tendent à la restauration dans l'État d'une justice et d'une morale de base chrétienne, supérieures aux droits de l'État. Enfin la subordination constante des intérêts particuliers aux intérêts généraux de la nation est pour lui non pas un lieu commun mais une maxime vivante.

La tâche première du président Salazar était le rétablissement des finances. Il lui a suffi pour l'obtenir d'un programme simple, exactement à l'opposé de celui des socialistes qui lient tout effort de rénovation économique à une destruction totale de l'état de choses existant pour une reconstruction aussi complexe que problématique. Mais si le programme du réformateur portugais est simple, il ne souffre pas qu'on s'en éloigne d'une ligne dans l'application.

Salazar, qui trouvait à son arrivée les plus mauvaises finances d'Europe, avait rétabli deux ans plus tard l'équilibre budgétaire par un strict réajustement des recettes et des dépenses. S'il a augmenté fortement un certain nombre d'impôts, il a su aussi les faire rentrer sans épuiser le contribuable par une plus juste répartition du système fiscal. La moyenne des charges fiscales au Portugal est nettement inférieure à celle de la France et celle de l'Angleterre. L'approbation du dictateur en matière de dépenses, de salaires, retraites, subventions, est indispensable.

Les communications de Salazar à ses concitoyens sont presque toujours pour leur rappeler qu'une tâche de sacrifice leur est dévolue, mais qu'elle assurera l'avenir du Portugal et de leurs enfants. Le gouvernement et les fonctionnaires prêchent eux-mêmes d'exemple par la simplicité de leur vie. Leur désintéressement est élevé au rang d'un principe d'État.

Grâce à ces principes de sévère économie, le Portugal a pu engager depuis sept ans un plan très vaste et très harmonieux d'équipement du pays. Les résultats en sont brillants. On a développé et refait tout le réseau routier, construit des écoles, des dispensaires, des hôpitaux, restauré la marine, réorganisé l'armée. Pour la première fois dans l'histoire du pays, l'État fait honneur à toutes ses signatures, retrouvant ainsi la confiance de l'étranger. On a enfin radicalement supprimé dans les dépenses publiques les ristournes, les gaspillages et les pots-de-vin qui épuisaient naguère les moindres entreprises.

Une organisation corporative est à l'étude, pour régler au mieux les rapports du capital et du travail.

Avec l'appui d'un ministre de la Justice jeune comme la plupart de ses collaborateurs, M. Cerbal, le dictateur Salazar a fait voter à l'unanimité par l'Assemblée nationale une loi contre la maçonnerie et les sociétés secrètes.

La maçonnerie est condamnée parce qu'elle est contraire aux principes de justice chrétienne que soutient le gouvernement et qui sont dans la tradition du Portugal ; parce que ses buts n'ont rien de commun avec ceux de la nation ; qu'elle empêche les hommes au pouvoir d'agir avec l'indépendance nécessaire ; qu'elle fait primer ses intérêts de secte sans souci des intérêts nationaux, et encore moins du mérite personnel, ayant pour règle de réserver les fonctions à ses affiliés ; enfin parce qu'elle a été au Portugal la première responsable des désordres révolutionnaires qui ont pendant vingt ans ensanglanté et ruiné le pays.

M. Salazar et ses collaborateurs ont derrière eux la quasi unanimité de leurs concitoyens. Les deux minorités d'opposition sont t à droite, certains éléments de la jeunesse universitaire qui réclament une politique de prestige plus flatteuse pour l'orgueil national, reprochant à la dictature son effacement volontaire. A gauche, les francs-maçons et anticléricaux n'ont pas désarmé. Des attentats partis de leur plan ont visé à diverses reprises le gouvernement.

Cette opposition reste très faible et fragile en regard de l'éclatant succès matériel et moral du gouvernement d'Oliveira Salazar. Cette dictature s'est imposée sans avoir eu recours à la force, par la seule loyauté et la netteté de ses méthodes, par la prospérité réelle et l'activité qu'elle a su rendre au Portugal au moment même où le monde entier se plaignait de la crise. C'est la dictature la plus honnête, la plus sage et la plus mesurée d'Europe, en même temps qu'une des plus fermes et des plus persévérantes dans ses applications.

L'échec complet en septembre dernier du nouveau complot destine à l'abattre semble indiquer qu'elle n'est pas près de finir.

On dit que nous avons la « République des professeurs », et ceux qui le disent ne sont pas ceux qui s'en réjouissent. Le Portugal a la dictature des professeurs. Il se trouve qu'elle est excellente. Comme le monde est divers ! Comme il est plastique !

HITLER

Le dernier venu des dictateurs européens n'est pas celui dont la personne et la tâche sont les plus faciles à comprendre. Il est sans aucun doute l'homme de notre temps dont on a donné les interprétations les plus divergentes et les plus nombreuses. A chaque pas en avant qu'il faisait, on prédisait sa chute prochaine s'il est vrai qu'on annonça aussi pendant longtemps la disparition imminente de Benito Mussolini. Quoi qu'il en soit, en peu d'années, il est devenu non seulement le maître de l'Allemagne, mais un des deux ou trois hommes qui tiennent entre leurs mains le sort de l'Europe.

Adolf Hitler, comme on le sait, n'est pas né citoyen allemand. Il a vu le jour en 1889, à Braunau-am-Inn, petite bourgade « bavaroise de sang mais politiquement autrichienne », comme il l'a écrit lui-même, et située à la frontière de ces deux États germaniques, Allemagne et Autriche, que le futur chancelier du Reich devait se donner comme tâche primordiale de réunir en un seul Empire. Il avait pour père un employé des douanes qui désirait faire de son fils un fonctionnaire. Celui-ci s'y refusa et déclara qu'il voulait devenir peintre. Il avait douze ans. A treize ans, le père mourut, et Adolf Hitler quitta son école pour l'Académie des Beaux-Arts de Vienne.

155

Après la mort de sa mère, c'est là qu'il vécut pendant plusieurs années, ayant découvert que sa vocation de peintre n'était peut-être pas très profonde, mais qu'il avait d'incontestables dispositions pour l'architecture. Il demeura cinq ans à Vienne, cinq ans de misère assez pénible, ou il poursuivit ses études tout en gagnant sa vie comme manœuvre, et en dévorant les livres qui lui tombaient sous la main. Il déclare lui-même avoir formé toutes ses idées à cette époque, avoir appris à comprendre les hommes » C'est en particulier de ce temps que datent à la fois sa haine de la monarchie des Habsbourg, ses idées sociales, sa méfiance à l'égard de la social-démocratie et du marxisme — et son violent antisémitisme.

En 1912, Adolf Hitler quitta Vienne pour Munich, ville qu'il chérira toujours particulièrement et dont il se sentait beaucoup plus proche, ne fût-ce qu'à cause du dialecte bavarois, que de la capitale austro-hongroise. Il commença à s'occuper de politique, hostile à l'alliance de l'Allemagne et de l'Autriche, qui ne pouvait, d'après lui, qu'amener une catastrophe, et affirmant que le vrai problème à résoudre était d'abord de détruire le marxisme. Quand la guerre éclata, il réussit à s'engager dans un régiment bavarois.

Il fit la guerre dans l'enthousiasme. « Alors commença pour moi, devait-il écrire plus tard, comme pour tout Allemand, le temps le plus inoubliable et le plus sublime de toute mon existence terrestre. » Il fut blessé et, en 1918, c'est à l'hôpital qu'il apprit à la fois l'armistice et la révolution. Il avait failli perdre la vue et devait en tout cas renoncer au dessin. Il jura de se consacrer au salut de la patrie allemande.

Comme il était chargé (car il n'avait pas encore quitté l'armée) d'enquêter sur les mouvements révolutionnaires de son régiment, il fut mis en rapport avec une association politique qui venait de s'organiser sous le nom de « Parti ouvrier allemand » et reçut bientôt, sans avoir fait aucune démarche, une carte l'informant qu'il était inscrit dans le parti. Il fut tout d'abord étonné de cette manière étrange de recruter des adhérents, assista à une séance du comité qui l'effraya par ses méthodes archaïques et parlementaires, puis il réfléchit. Il se dit que le seul moyen d'arriver au but était justement de faire partie non pas d'un vaste ensemble organisé, mais d'un petit groupe inconnu dont il ferait ce qu'il voudrait, et où il pourrait vite devenir le chef. Il se décida alors à franchir le pas. Il devint membre du Parti ouvrier allemand, et reçut le n° 7. C'était en 1919, et le parti n'avait compté en effet jusque-là que six adhérents.

Il va sans dire que les premières séances tenues par cet embryon, on peut dire cette caricature de groupement politique, qui se proposait tout simplement de reconstituer un Empire germanique dans sa force et sa souveraineté, passèrent complètement inaperçues. Un jour cependant, on réussit à réunir cent onze personnes — quarante de moins que Mussolini pour la première réunion politique des Faisceaux. — Pour la première fois, Hitler parla en public. Au bout d'une demi-heure, la salle était enthousiasmée : Hitler s'était révélé grand orateur. En 1920, à Munich, il tint la première grande réunion du « Parti ouvrier allemand national-socialiste » (tel était le nouveau nom qu'il avait adopté), qui eut un énorme succès.

Peu à peu le mouvement trouvait des adhérents, On luttait à la fois contre le marxisme, les Juifs et le traité de Versailles. Il fallait lutter aussi contre un autre ennemi : le séparatisme. On a accordé trop peu d'importance en France aux séparatismes allemands. Il suffit de feuilleter Mein Kampf pour voir combien, entre 1919 et 1923, l'hostilité à la Prusse et à la notion même de Reich était vive dans certains milieux. Il n'est pas certain que Hitler lui-même n'ait pas été en rapport avec les séparatistes rhénans ou bavarois. En tout cas, dans son parti, l'indépendance de la Bavière était un thème cher à plusieurs. On parlait même de constituer un État nouveau, unissant la Bavière à l'Autriche, ce qui paraissait plus facile que l'Anschluss. Dans quelle

157

mesure Hitler lui-même céda à ces diverses tendances, il ne nous le dit pas. Ce qui est certain, c'est qu'il ne tarda pas à lutter contre tous les parlementarismes et à en arriver à la conception d'un Reich « totalitaire » et absolument indivisible. Cependant, il ne faut pas l'en croire sur parole, lorsqu'il affirme que cette conception a toujours été la sienne.

C'est par son extraordinaire talent de parole qu'Adolf Hitler réussissait à tenir des réunions do plus en plus importantes, malgré les attaques des socialistes qui commençaient à comprendre quelle force nouvelle représentait ce parti hier encore inconnu. Il menait sa propagande à ciel ouvert et refusait de se constituer en association secrète. Hitler a toujours nié avoir été l'inspirateur des divers assassinats politiques qui ont ensanglanté l'Allemagne d'après guerre, encore que parmi les exécutants il y ait eu parfois des sympathisants, sinon des adhérents du parti national-socialiste. Ainsi l'écrivain Ernst von Salomon, complice de l'assassinat de Rathenau, devait être, pendant quelque temps du moins, un hitlérien convaincu.

Organisé au grand jour, le national-socialisme avait ses drapeaux, son orchestre (pas de parti allemand sans musique, pas de discours de Hitler sans grosse caisse), et ses sections d'assaut, qui allaient bientôt devenir célèbres. Elles eurent bientôt leur uniforme : la chemise brune, et leur insigne : cette croix gammée qui représente le soleil, et que l'Allemagne a reprise à l'Orient. En 1922, Hitler acheta un petit journal hebdomadaire, le Volkische Beobachter, qui devint quotidien en 1923.

Après l'occupation de la Ruhr par les Français, occupation sans résistance qui montrait que le Reich avait les reins vraiment brisés, beaucoup d'Allemands pensèrent que seule une transformation radicale, faisant table rase du système politique né après la guerre et de la Constitution républicaine de Weimar, pourrait refaire de leur pays une grande nation. Hitler crut le moment venu. Il tenta un putsch avec l'aide de Ludendorff : ce fut la révolution manquée du 8 novembre 1923, où périrent dix-huit de ses partisans, les premiers « martyrs » du national-socialisme, tombés devant la Feldherrenhalle de Munich, et auxquels est dédié Mein Kampf. Après un long procès, au cours duquel Hitler défendit sa cause et celle du Reich, il fut incarcéré le 1° avril 1924 à la maison d'arrêt de Landsberg-am-Lecht.

C'est là qu'il trouva enfin le temps d'un certain repos et qu'il essaya d'ordonner ses idées dans un livre qui est comme le Coran du national-socialisme, et qui a toujours le succès le plus considérable, son célèbre Mein Kampf (Mon Combat).

Il est peut-être assez difficile pour un Français de juger ce livre, parce que toute lecture de Mein Kampf commence par un malentendu. Nous y cherchons un programme politique et social, et, de page en page, nous l'y trouvons. Les questions les plus diverses, l'éducation, la propagande antivénérienne, l'histoire, la naturalisation, sont abordées dans cet énorme volume de sept cents pages, en même temps que Hitler fait l'histoire de la formation de son esprit et de ses idées. Mais il ne faut pas douter que l'essentiel n'en soit ailleurs : dans la pensée de l'auteur comme dans celle de ses millions de lecteurs, Mein Kampf est tout d'abord le livre d'une religion, l'Évangile du national-socialisme, ou, plus exactement, du racisme.

Hitler n'existe pas avant ces années si dures de Vienne où il a découvert à la fois les dangers du marxisme et ceux du sémitisme universel. Sa véritable naissance à l'action date du jour où il découvre la notion de race. C'est ici qu'un Français ne peut s'empêcher de trouver Mein Kampf singulièrement pauvre et singulièrement primaire. S'il fallait juger les ouvrages de combat comme on juge les œuvres de l'esprit, il est certain que la Bible nationale-socialiste ne résisterait pas une seconde à l'examen. Des puérilités ridicules s'y mêlent aux affirmations scientifiques les moins prouvées, dans un langage déconcertant de pédantisme qui, d'ailleurs, a largement contribué au succès de Mein Kampf en pays germanique.

Pour Hitler, ce sont les Aryens qui ont fait la civilisation éternelle, celle sans laquelle aucun peuple n'a pu vivre, et dont nous retrouvons les traces jusque dans le Japon moderne. Et parmi les Aryens, les plus purs, les véritables héritiers de l'hellénisme (Hitler, comme tout Allemand, aime à se réclamer des Grecs), ce sont les Germains. Le peuple germanique a reçu une mission sacrée, qu'il n'a pas encore accomplie tout à fait» par suite des divisions intérieures et de certaines erreurs séculaires de sa politique. Mais partout où le peuple germanique s'est introduit le monde est invité à reconnaître sa grandeur et la beauté des résultats qu'il a obtenus. Ainsi la Russie, essentiellement barbare, n'a pu devenir en quelque mesure une nation que grâce aux éléments germaniques qu'elle contient et auxquels elle a toujours laissé la direction des affaires. Son plus grand empereur fut une princesse allemande, Catherine II.

Par malheur, en face de la rayonnante expansion dé la civilisation helléno-germanique, se sont placés les Juifs, Hitler parle toujours des Juifs avec une haine profonde et une absence complète d'esprit critique. Quelle est sa pensée véritable sur ce sujet important ? Nous ne pouvons pas affirmer que nous la connaissons, et les mystères de la politique antisémite du III° Reich ne sont pas pour nous éclairer. Les idées que semble se faire l'auteur de Mein Kampf sut le développement de la « nation juive » à travers le monde sont si grossières qu'on se demande s'il ne s'agit pas d'images frappantes destinées à la foule, aux troupes, aux sections d'assaut, de mythes créateurs d'énergie beaucoup plus que de raisonnements sincères.

Pour Hitler, les fameux Protocoles des Sages de Sion (cet essai messianique dont a dit qu'il n'était qu'une composition d'agent provocateur, fabriquée par la police tsariste, sur le modèle d'un pamphlet français dirigé contre Napoléon III) représentent bien l'essentiel de la pensée juive lancée à la conquête du monde. Il parle des Juifs non pas seulement comme d'un danger pour toute la civilisation occidentale, mais comme d'une mystérieuse société secrète, constamment consciente de ses buts et de ses moyens, dont il nous décrirait volontiers l'organisation et la hiérarchie, et qui semble être dirigée par un invisible Conseil Supérieur, en Amérique, en Angleterre ou à Jérusalem. Et il est bien certain qu'incarner un ennemi en quelques personnes, que supposer une organisation toute puissante et cachée, est un excellent moyen de propagande : au Conseil des grand Juifs que laisse supposer Hitler, les marxistes opposent un Comité des Forges, une Union des marchands de canons. C'est par les mythes qu'on « réveille » les peuples, qu'on oppose les classes et qu'on les mène.

La lutte entre ces deux grandes puissances, le germanisme et le sémitisme, emplit Mein Kampf de considérations le plus souvent brumeuses, toujours impératives, et qui ont sans doute beaucoup plus fait pour le succès du livre que les quelques pages un peu précises qu'on peut y trouver. C'est de ces considérations de nature à demi métaphysique sur la pureté de la race — où l'on retrouve, déformées, les idées de Nietzsche et celles de Gobineau — que naissent la plupart des réactions de Hitler devant les problèmes essentiels qui se posent à la nation allemande. Le premier, pour cet Allemand que la politique a placé hors de l'Empire, est la réunion sous le même drapeau et dans la même âme de tout ce qui est germain, et d'abord de l'Autriche. Le monde juif dominait, déclare-t-il, dans la monarchie habsbourgeoise, et c'est pourquoi il déteste les anciennes dynasties qui, dit-il, ont presque toujours manqué, depuis deux siècles, aux devoirs essentiels du germanisme. Pour les autres pays de langue allemande, de race allemande, Hitler est assez prudent, et sa pensée, de mystique qu'elle était, devient tout à coup singulièrement opportuniste. C'est ainsi qu'il condamne d'une façon formelle les revendications que certains Allemands persistent à élever en faveur du Tyrol abandonné à l'Italie. Le premier but, c'est la réunion de l'Autriche. Et il ne faut pas risquer de se brouiller avec l'Italie, dont on peut avoir besoin (Hitler, au surplus, déclare admirer Mussolini), pour quelque deux cent mille Allemands de la région de Trente dont il parle avec assez de dédain. Ceux qui fixent leur attention sur le Tyrol, ajoute-t-il, ne se doutent pas qu'ils font le jeu des Juifs et de la France. Il est trop sûr que l'Italie a frustré le germanisme ; mais depuis la guerre, par qui le germanisme n'a-t-il pas été dépouillé ? Ce n'est pas une raison pour se tenir à l'écart de tous les pays européens. Quant aux partisans de l'alliance française, Hitler leur rappelle que la France, « soit dit en passant, nous a volé l'Alsace-Lorraine ».

La France (on sait que la traduction française de Mein Kampf a été interdite) demeure le principal obstacle aux visées allemandes. Et Hitler ne dissimule pas que, tôt ou tard, il faudra régler la question de la France. « Ces résultats, dit-il, ne seront atteints ni par des prières au Seigneur> ni par des discours, ni par des négociations à Genève, Ils doivent l'être par une guerre sanglante. » La France est en effet l'ennemi éternel de l'Allemagne. L'Angleterre, explique Hitler dans un des chapitres les plus intelligents de son livre, désire qu'aucune puissance continentale ne soit assez forte pour lui tenir tête. Aussi désire-t-elle contrebalancer l'importance de l'Allemagne par celle de la France : seulement, elle est prête aussi à contrebalancer l'importance de la France par celle de l'Allemagne. Tandis que le but de la France, c'est la disparition de l'Allemagne comme puissance politique au moyen du morcellement de ce pays. Aussi peut-on s'entendre avec l'Angleterre, mais non avec la France.

Afin d'appuyer ses revendications précises sur la religion nationale-socialiste, Hitler ajoute que, d'ailleurs, la France n'est pas digne de vivre dans un monde où la pureté de la race est l'essentiel. La France, en effet, qui a osé employer les armées noires à la garde du Rhin et à la guerre, perd son autonomie de race par un métissage constant. Peu à peu, du Congo à l'Alsace, on voit se constituer un vaste empire négro-français, qui ira s'abâtardissant. C'est donc un devoir pour la civilisation que d'en empêcher le développement.

Ainsi pourra s'établir, dans un univers régénéré, la suprématie allemande, et ce qu'on a appelé aussitôt le troisième Reich.

Nous sommes portés à rire de ces raisonnements biscornus, de ces affirmations audacieuses, de ces inventions délirantes. Elles n'en ont pas moins porté Hitler au pouvoir suprême. C'est peut-être ce qu'il y a de plus grave, car c'est le mystère de ce qui fermente dans la cervelle des Allemands.

*

Au moment où Hitler sortait de sa prison, on le connaissait bien moins en France que le chef des nationalistes conservateurs, un des plus grands industriels allemands, Hugenberg. En 1919, Hugenberg, maître de la métallurgie allemande, dirige une centaine de députés au Reichstag. En 1932, il n'en a plus que cinquante. Entre ces deux dates, le mouvement hitlérien a progressé à ses dépens. Cependant Hugenberg avait conservé son influence, grâce surtout au contrôle qu'il avait imposé aux journaux des provinces et à la Société cinématographique créée par Krupp pendant la guerre. Entre Hugenberg, , commanditaire et maître réel de l'Association d'anciens combattants des Casques d'acier, et Hitler, maître des Sections d'assaut du national-socialisme, la rivalité était fatale. Elle fut longue, faite successivement d'alliances et de défiances, et dura jusqu'à la prise définitive du pouvoir par Hitler.

De cette lutte, il n'est pas question de relater ici les trop nombreux épisodes. Il suffit de rappeler que le mouvement hitlérien, fort de ses légions de Chemises brunes, ne cessait de grandir, tandis qu'au dehors on se refusait à croire qu'un

163

personnage aussi ridicule pût devenir le maître de l'Allemagne. D'autres prétendaient que, simple agitateur, à tous les égards surfait, sans audace et d'ailleurs malade, Hitler avait laissé passer l'heure d'une « marche sur Berlin ». En réalité, calculateur et rusé, il préparait son avènement sans risques par une entente secrète avec ce qu'on a toujours nommé en Allemagne les « sphères ». Le 30 janvier 1933, Hitler était appelé par le vieux maréchal Hindenburg à former le ministère. Il devenait chancelier du Reich, dix ans après l'échec du putsch de 1923. Son ami Goering, une des personnalités les plus marquantes du parti, était ministre de la police du Reich. Les nationalistes de Hugenberg disposaient des Finances, du Commerce, de l'Industrie, des Travaux publics, des Affaires étrangères. Le vice-chancelier, l'adroit M. von Papen, formait le trait d'union entre les deux groupes.

Cette alliance avec la vieille droite ne pouvait pas durer. Il devint bientôt évident pour tous que les pouvoirs allaient se réunir entre les mains de Hitler et de ses deux lieutenants, Goering et le romantique Goebbels, venu du socialisme, le théoricien le plus « à gauche » du parti, et le plus passionné d'antisémitisme.

Après un échec à la présidence du Reich en 1933, malgré une campagne acharnée, Hitler devait, en 1934, le 30 juin, dans une nuit tragique, où furent assassinés le général von Schleicher et sa femme, et le chef des S. A., Roehm, « épurer » son parti, comme on « épurait » au temps la Révolution. On évoqua à la fois les gangsters de Chicago et le meurtre de Sejan. Peu après, le 2 août 1934, vingt ans après la déclaration do guerre, le vieux maréchal Hindenburg mourait. A la fois président et chancelier du Reich, Hitler était désormais légalement le maître de l'Allemagne, et nul n'osait plus l'attaquer ouvertement.

Une si grande fortune ne s'expliquerait pas sans la collaboration de tout un peuple, et du peuple le plus soumis aux puissances obscures de l'instinct et de la poésie.

Il est certain que Hitler compterait peu sans sa légende. Cette légende, ses ennemis la font, en colportant d'invraisemblables anecdotes, en accusant de folie et d'imbécillité l'ancien « peintre en bâtiment », en lui prêtant des mœurs contre nature, — aussi bien que ses amis, avec leur exaltation continuelle de son génie. Il faut surtout songer que le parti hitlérien a su organiser autour de ses dieux — grâce surtout à Goebbels — tout un ensemble de musiques dont s'enivre l'Allemagne.

Sans les chants des sections d'assaut » que serait l'hitlérisme ? Il faut avoir entendu, pendant lu campagne électorale de 1933, les chansons, les hymnes, les représentations dramatiques, l'esquisse d'un art radiophonique où le bruit et la musique avaient plus de part que les mots, les discours ponctués à coups de grosse caisse, pour savoir à quel degré de frénésie peuvent atteindre les foules allemandes assemblées. Hitler et Goebbels sont de grands orateurs. Goebbels se tient dans un registre toujours très élevé, où sa voix infatigable promet, avec une force quasi inhumaine, le bouleversement social et la reconstruction de la germanité. Hitler commence ses discours sur un ton à peu près normal, puis sa voix devient rauque, plus forte, perd toute apparence humaine, et il continue de parler, comme enivré du son de ses paroles, et soumettant ses auditeurs à on ne sait quelle incantation barbare. Le nom de l'Allemagne revient toutes les dix phrases, au cours de ces interminables allocutions, comme un refrain. La collaboration de l'orchestre est à chaque instant requise, comme celle, soudain, de chœurs gigantesques qui célèbrent les héros tués par lés Français, ce Horst Wessel perdu de vices, ce Schlageter probablement espion, devenus l'Harmodius et l'Aristogiton de la Germanie, le Castor et le Pollux du Troisième Reich. Une campagne électorale devient un opéra wagnérien et fabuleux.

Ces chants, sur un rythme lent et tragique, sont d'ailleurs assez beaux, quelquefois. Ils mêlent le romantisme du myosotis et de la fontaine au rude orgueil des temps nouveaux :

O jeune fille brune — pourquoi donc tant pleurer ? Un jeune officier du bataillon de Hitler — m'a volé mon cœur.

Marchait un régiment de l'Oberland, — un régiment à cheval, un régiment à pied…

Ou encore la chanson aux morts du 9 novembre :

A Munich, plusieurs sont tombés, — à Munich ils étaient plusieurs, — c'est devant la Felderrenhalle — que les balles les ont frappés…

Puis ce sont les hymnes les plus fameux de la nouvelle Allemagne :

Le montagnard descend vers la plaine, le paysan détache de la charrue ses rudes poings, la jeunesse refuse l'esclavage des canailles ; et des Alpes jusqu'à la mer, résonne dans les tempêtes allemandes le chant qui fait trembler Juda : les chaînes se rompent, et le mois de mai nous sourit. Relève-toi, Allemagne ! A toi la liberté !

Et le chant qui célèbre Horst Wessel et « les camarades, tués par le Front Rouge et par la Réaction, qui marchent en esprit dans nos rangs ». Sans musique, l'Allemagne ne suivrait personne.

Goebbels a si bien compris la valeur des puissances d'enchantement, qu'il a organisé les fêtes grandioses, au mépris de tout bon goût, dont s'exalte le nouveau régime.

Dans Mein Kampf, Hitler a des paroles dures pour les racistes allemands qui désirent retourner à Wotan et au Walhalla, s'affublent de barbes postiches, ricanent devant le christianisme, et, en détournant ainsi les esprits de l'essentiel, servent les Juifs. Depuis, sous l'influence de Goebbels, il faut bien admettre qu'il ait changé d'idées. Les fêtes du Premier Mai ressuscitent les nuits de Walpurgis, réunissent autour de feux de joie une jeunesse ivre de musique. Le mouvement du néo-paganisme, dénoncé par les évêques et les pasteurs, prend une place de plus en plus importante. A l'aide des anciennes magies germaniques, on tente de déchristianiser l'Allemagne et de revenir aux temps qui ont précédé saint Boniface. Là encore se retrouve l'enthousiasme allemand pour les forces obscures, pour la nature, tout un romantisme « tellurique », comme dirait le comte de Kayserling, aussi étranger que possible à l'esprit des Français.

Cet envoûtement wagnérien et nietzschéen s'accompagne d'ailleurs de mesures très précises. Il est inutile de rappeler comment les socialistes ont été réduits au silence, comment les camps de concentration abritent pendant quelques mois les récalcitrants, et surtout comment, en 1933, un grand nombre de Juifs furent amenés à quitter en masse l'Allemagne. Il semble d'ailleurs que, souvent, ils l'aient quittée beaucoup plus comme socialistes que comme Juifs. En outre, à l'imitation de quelques États américains, et séduit par une apparence scientifique à laquelle il a toujours été très sensible, Hitler a fait voter la stérilisation obligatoire de certains malades, loi qui l'a mis en conflit avec l'Église.

Car il ne devait pas tarder, comme tout dictateur, à rencontrer le problème religieux. Il est catholique de naissance et voulait d'abord réorganiser l'église luthérienne sous la direction d'un évêque tout-puissant et à sa dévotion. Puis il brima les catholiques, qu'il accusait de ne pas se soumettre avec assez de résignation à ses directives. La conception d'un État divinisé qu'il mettait en tête de son système, la loi de stérilisation dont nous venons de parler, les mesures d'exception prises contre quelques personnalités catholiques, les manifestations de néo-paganisme, les massacres du 30 juin, ne devaient pas tarder à révolter la conscience de l'Allemagne catholique. Après avoir assez timidement condamné l'hitlérisme avant son arrivée au pouvoir, les évêques réunis à Fulda en juillet 1935 ont renouvelé solennellement cet anathème. Le Führer se brisera-t-il « sur cette pierre » ou bien ira-t-il à Canossa ?

Cependant, il faut reconnaître qu'au point de vue politique, recueillant la succession d'un des plus habiles hommes d'État de l'Allemagne, de Stresemann, Hitler s'est montré beaucoup plus adroit qu'on ne feignait de le croire. Ses brutalités calculées, ses audaces, ses « finasseries » l'ont servi, et ont servi son pays. Il efface peu à peu les dernières traces de la défaite, étant donné que son mouvement est né de la conviction, puissante dès l'origine dans l'esprit des Allemands, que cette défaite était chose imméritée, une sorte de maldonne du hasard. Par ses accords avec les pays étrangers, et en particulier avec l'Angleterre, il a achevé le mouvement de renaissance nationale auquel il s'est voué.

Bien des traits demeurent encore mystérieux dans ce mouvement hitlérien dont on a pu dire qu'il était une seconde Réforme, une seconde exaltation de l' « homme allemand ». Sur le plan politique et national, les buts sont avoués, les résultats ne sont pas douteux. Sûr le plan social, l'incertitude commence : on ne sait trop ce que fera Hitler de ses immenses armées de chômeurs, réunis dans des camps de travail. On sait seulement qu'il les entraîne pour la guerre. D'autre part, il est trop certain qu'il a dans ses troupes de nombreux communistes obligés de cacher des convictions peut-être encore vivantes et sincères. Qu'un bouleversement survienne, que deviendront ces troupes ? que deviendra l'Allemagne ?

Enfin, sur le plan mystique et religieux, on ne sait encore comment Hitler pourra composer avec les différentes confessions chrétiennes, qu'il heurte de cent manières.

Quant à l'homme, qui est-il exactement ? Un voyageur nous racontait que, s'étant entretenu très librement avec des Allemands, et les ayant entendus exposer leurs conceptions diverses et critiquer, parfois avec dureté, le nouveau régime, il avait demandé à l'un d'eux, qui s'avouait communiste :

— Et que faut-il penser de Hitler ? L'autre avait répliqué tout aussitôt :

— La personnalité de Hitler est indiscutable.

Les Français, qui admirent volontiers Mussolini, ne sont pas encore convaincus de cette vérité. On leur a dépeint le héros de l'Allemagne comme un fantoche, et ils l'ont cru. Certes, la lecture de Mein Kampf — hormis les pages qui traitent de la politique étrangère — peut aisément décevoir. Et il n'est pas dit que Hitler soit un homme intelligent, au sens où nous entendons habituellement ce mot. Mais il a, en peu d'années, su acquérir en Allemagne une situation sans égale, qui rappelle parfois celle de Bonaparte. Nous ne saurons peut-être jamais exactement qui est l'homme, mais ce qui est certain c'est qu'autour de lui se sont cristallisées toutes les espérances de l'Allemagne vaincue en 1918. Nos socialistes, qu'il déroute, ont prédit sa chute prochaine à chacun de ses progrès. Il représente trop parfaitement certains aspects de sa patrie pour que cette chute même, si elle survient, signifie grand chose. L'essentiel est de le connaître, de ne pas nous laisser duper par ce que ses idées peuvent avoir de sommaire et de court. Sous le philosophe primaire, on découvre aisément un politique qui sait ce qu'il veut — et qui reste, par position, même quand il dit et s'il croit le contraire, le plus redoutable des adversaires de la France.

CONCLUSION

Que l'on désire ou que l'on redoute un dictateur, il nous semble qu'après cette revue, d'ailleurs incomplète, chacun peut se faire une opinion.

De la démagogie à la tyrannie, il n'y a qu'un pas, soit que le gouvernement fort naisse d'une réaction contre le désordre, soit qu'il serve à imposer une révolution dont les modérés et les conservateurs sont les victimes.

« Les sages d'autrefois, qui valaient bien ceux-ci », ne l'ignoraient pas. Au siècle dernier, frappés par le succès de Napoléon III, ils enseignaient que le socialisme conduit au césarisme. Mais le socialisme est l'expression parfaite de la démocratie. Elle n'en est pas l'expression dernière, car rien ne finit. C'est le retour éternel. Tout ce qui implique contrainte dans l'organisation sociale entraîne la disparition de la liberté politique et postule un pouvoir qu'on ne discute pas.

Si l'anarchie engendre des Césars parce que l'ordre est un besoin élémentaire des sociétés, le communisme fait naître d'autres Césars parce qu'au contraire il règle tout.

Il suffit même de parler d' « économie dirigée » pour supposer l'existence d'un suprême directeur. C'est donc par le « trop » comme par le « pas assez » que surviennent les dictatures.

Qu'elles soient de droite ou de gauche, et elles sont plus souvent de gauche que de droite, elles renferment toujours une large part d'inconnu. Il est préférable d'en faire l'économie, c'est-à-dire de ne pas en avoir besoin ou de ne pas y tomber sans le savoir.

Eckermann demandait un jour à Goethe si l'humanité ne verrait pas la fin des guerres. « Oui, répondit l'olympien de

Weimar, pourvu que les gouvernements soient toujours intelligents et les peuples toujours raisonnables. »

Nous en dirons autant des dictatures. On s'en dispense à la même condition. Mais les bons gouvernements sont rares. Et Voltaire dit que le gros du genre humain a été et sera toujours imbécile.